从社恐到社牛

潘惊涛 ◎ 编著

中国致公出版社·北京

图书在版编目（CIP）数据

从社恐到社牛 / 潘惊涛编著. -- 北京：中国致公出版社，2025.4. -- ISBN 978-7-5145-2016-3

Ⅰ. C912.3-49

中国国家版本馆 CIP 数据核字第 2024ZE4681 号

从社恐到社牛 /潘惊涛 编著
CONG SHEKONG DAO SHENIU

出 版	中国致公出版社
	（北京市朝阳区八里庄西里 100 号住邦 2000 大厦 1 号楼西区 21 层）
发 行	中国致公出版社（010-66121708）
责任编辑	王福振
责任印制	张海滨
印 刷	三河市天润建兴印务有限公司
版 次	2025 年 4 月第 1 版
印 次	2025 年 4 月第 1 次印刷
开 本	710mm×1000mm 1/16
印 张	12
字 数	141 千字
书 号	ISBN 978-7-5145-2016-3
定 价	59.80 元

（版权所有，盗版必究，举报电话：010-82259658）

（如发现印装质量问题，请寄本公司调换，电话：010-82259658）

前　言

你在生活中是否经常会遇到这种情况：

面对同事的聚餐邀请婉言相拒，公司团建更是能躲则躲；

喜欢和朋友相聚，可只要有陌生人在场，内心就会不安；

当众讲话更像是一种煎熬；

……

任何社交场合都会让你感到不适，而这种不适感会驱使你主动减少与他人交往的频率，乃至彻底断绝社交。在闲暇之余，你更喜欢一个人"宅"在家中读书、追剧、烹饪美食，享受独处的时光，可一旦置身于社交场合，不适感会像潮水一般向你袭来。这种表现被称为"社恐"。

"社恐"是一种在自卑心理的影响下逐渐养成的行为习惯。我们在社交之前，经常会设想各种糟糕的情况：主动和人打招呼却未得到回应；一开口就说错话，等等。这种想象是一种自我否定，它会在不知不觉间加重我们的焦虑，长此以往，我们就不愿再与他人沟通，也不愿再踏入任何社交场合。但实际上，"社恐"的人内心十分向往在社交场合侃侃而谈，只不过太多负面的心理让他们变得退缩不前。

我们若想告别"社恐"，就要主动去尝试社交，打破自己以往的行为习惯。而我们在这个过程中，要循序渐进，慢慢培养自己的社交自信心。比如，先尝试与人打招呼，适应一段时间后，我们就可以与对方随口闲聊几句，逐步提高自己与他人的交往频率。等到我们不再抵触社交之后，我们就要尝试掌握一些高情商话术，塑造良好的个人形象。

高情商话术在社交中非常重要。比如，在见面时，我们可以赞美对方的穿着打扮、气质风度；在沟通时，我们可以赞美对方见解独到、知识渊博。这种赞美会让对方对我们心生好感，有助于拉近彼此的关系。

在社交沟通中，我们难免会遇到一些尴尬的情况，如突然冷场、不小心提到了敏感的话题等。这时，我们就要懂得利用幽默来化解尴尬，常用的手段就是自嘲、调侃，重新让沟通变得轻松愉快。

当我们在社交场合中非常活跃时，就很容易交到朋友，不过我们要擦亮双眼，避免结识"损友"。想要识别一个人是否值得交往，有很多方式，比如，观察对方的穿着打扮、肢体动作、兴趣爱好、日常习惯等，这些都能很好地反映一个人的性格，帮助我们对他有一个初步的判断。如果在相处中，我们认为对方值得交往，就要待人以诚，以真心换真心，如此方能将人脉变成朋友。

本书从多个角度出发，详细介绍了一个人从"社恐"向"社牛"转变的方法，其中包括自我突破、高情商话术、识人术等社交技巧。掌握了这些技巧，你将能够在社交中游刃有余地应对各种情况，从怕尴尬的"社恐"转变为高情商的"社牛"！

目 录

前 言 i

第一章 "社恐",如何直面内心的恐惧 1

如何从"社恐"转变为"社牛" 2
见到陌生人,如何自信大方不脸红 5
说话时,不敢看对方的眼睛,怎么克服 8
打破结巴障碍,当众讲话的自信之道 11
和异性在一起,如何克服紧张焦虑感 14
逢年过节最怕见亲戚,是什么心理 17
工作中害怕跟领导沟通,怎么办 20

第二章 向上社交,打开你的社交格局 24

突破舒适区,别被现有的圈子限制 25
大方打招呼,不用假装看不见 28
利用网络的力量,让自己赢得关注 31
学会漂亮地推销自己,让人记住你 33
别害怕,向上社交并不难 35
主动认识好兄长,比苦干十年强 38
当你变得强大时,才会发现身边都是好人 40

I

主动麻烦领导，你才能得到更多的资源 ……………… 42

第三章　破冰主动一步，站高一位 ……………… 44

想交朋友，先改变"宅"属性 …………………………… 45
饭局上结交人脉，加对方微信的高情商话术 ………… 47
初次见面，如何给对方留下好印象 ……………………… 49
适时展露才华，你的机会就会比别人多一倍 ………… 52
摆脱自卑，展现自信的形象 ……………………………… 54
适当暴露弱点，更受欢迎 ………………………………… 57
请对方帮个小忙，关系是麻烦出来的 ………………… 60
记住别人的名字，是获得好感的理想方式 …………… 62
敢于露脸，让更多人认识你 ……………………………… 65
没人给你打电话，那就打出去 …………………………… 67

第四章　沟通秘籍，让你有备无患 ……………… 68

请人吃饭高情商说话技巧 ………………………………… 69
幽默开场白，让你秒变社交达人 ………………………… 71
会说话在酒局上被人高看一眼 …………………………… 75
高情商回怼一切恶言恶语 ………………………………… 79
不小心说错话，如何挽回局面 …………………………… 83
尴尬时刻，幽默来救场 …………………………………… 87
对领导的关心，如何高情商回应 ………………………… 89
被领导猜忌，如何不留痕迹地化解 ……………………… 92
学会这几招，教你夸到对方心坎里 ……………………… 95

第五章　识人有术，掌握社交关系中的主动权…………… 100

与人相处，教你一眼看穿对方在说谎……………………… 101
闻声识人，教你鉴别言辞背后的谎言……………………… 104
人品如衣品，从穿衣风格了解一个人……………………… 107
一个人的肢体语言，暴露了他的真实想法………………… 110
兴趣爱好反映一个人的性格特点…………………………… 114
如何快速判断一个人不可深交……………………………… 117

第六章　如何把人脉圈变成真正的朋友圈…………… 120

真诚，是把人脉变成朋友的第一步………………………… 121
锦上添花只是点缀，雪中送炭才是真实惠………………… 124
重视弱连接，泛泛之交也会给我们带来惊喜……………… 127
做个有趣的人，让你在圈子里更受欢迎…………………… 130
制订双赢方案，让别人帮助你……………………………… 134
别太功利，好的关系需要耐心维系………………………… 137
不自私，越分享越幸运……………………………………… 140
势均力敌的关系才能长久…………………………………… 143

第七章　避坑，不得不防的关系陷阱………………… 146

与同事的关系不要"太铁"………………………………… 147
再亲近的朋友也应注意分寸………………………………… 149
交友宜精不宜多……………………………………………… 151
当心突然升温的友情………………………………………… 153
保持警惕，社交中常见的 6 个陷阱………………………… 155
要善良，但不要懦弱………………………………………… 158

交浅不可言深……………………………………… 161
合伙人的坑，你踩了吗…………………………… 164

第八章　培养有价值的职场人际关系……………… 166

保持距离，不与同事走得太近…………………… 167
领导的智慧，看懂下属的心理…………………… 170
职场上的竞争关系，未必是你死我活…………… 173
道不同，不相为谋………………………………… 179
这六类同事，尽量远离…………………………… 181

第一章

"社恐",如何直面内心的恐惧

遇到人不好意思主动打招呼,羞于向上司表现自己,不敢在公共场合讲话,周末喜欢宅在家里不愿意出去见人……不用担心,很多人对于和人交流,多少都会有点胆怯。只要摆正心态,掌握一定的社交技巧,提升勇气,从"社恐"到"社牛"一点也不难!

✦ 如何从"社恐"转变为"社牛"

如果你很内向，有点"社恐"，在陌生人面前显得木讷，那么你有没有羡慕过那些在各种公众场合都能谈笑风生的外向人呢？然后你会强迫自己在各方面靠近外向，内心却在强迫中备受煎熬。其实，从"社恐"转变为到"社牛"，并不是无路可走。

如果你是因为羡慕外向人的八面玲珑而把自己伪装成外向者，效果会适得其反。比如，强装成社交行家，硬着头皮去融入对方的谈话，或者刻意讲笑话，结果往往会不尽如人意。在违背本性的前提下强颜欢笑，你虽然看上去博才多学，却给人一种极不自然的牵强感，也会把自己搞得很累。

如果你因为不想顶着"社恐"的标签生活，就强迫自己出去社交，或者被父母逼着去与人交往，效果往往不会好到哪里去。

安安因为在学生时代经常在课堂上回答问题时出错、出洋相，然后在同学们的"嘻嘻哈哈"中不断积累焦虑，后来渐至有了社交恐惧症。严重时，除了家里最亲近的几个人，她连七大姑八大姨都不愿意见。

后来在家人的劝导下，她说服自己报了个培训课。她本来想听课，只要自己不回答问题就行，可是在课堂上，老师的风格是大家一起参与，台上台下互动不断。安安也被叫上台分享，她结结巴巴、面红耳赤,不记得自己说了什么。一下课,她就发疯一般逃离了现场。回家后,在家人的一致期待中表示:"太可怕了,以后再也不强迫自己去这种场合了。"她的情绪也变得更加不稳定。

强迫一个人参与社交的办法,非但不会减轻一个人的症状,还会导致其情绪进一步失控。其实,强迫自己出去和人交流,这个思路是没有错的,错的是没有找到一个适合的场合。合适的场合需要根据一个人曾经的内心遭遇和个人喜好来决定。按照这个思路进行强迫干预,才有可能治愈。

比如,两个人在一起吃饭,其中一个人支支吾吾地说:"我有社交恐惧症,跟你交流可能有困难。"另一个笑着回答:"好巧,我也有社交恐惧症。"两人一拍即合,天南海北地聊了起来。

露露不爱社交,整天在家研究一些古风文化,比如古装、古琴、cos(角色扮演)等。最近正好有一个大型古风游戏漫展,家里人决定借助这个机会让露露出去走走。露露一听,一口答应,并主动着手准备cos服装。

为保险起见,妈妈特意陪她一起去。到现场以后,露露没有想象中的拘谨,反而能主动与其他玩家打招呼,交流动漫、二次元文化等。

从那以后,家人就按照这个思路,鼓励她多参加一些自己感兴趣的活动,一段时间之后,露露的性格越来越洒脱,渐渐恢复了以往的活泼。

其实,在很多时候,我们所谓的社交恐惧症并不是病,可能是潜意识误导了我们。如果我们真得了很严重的社交恐惧症，那么就需要专业的医生进行治疗，这就不是简单的强迫社交可以解决的了。

强迫社交有益于两种社交恐惧症。第一种，生活中的烦心事很多，忙于应付生活已经苦不堪言，所以在工作之余，根本不想和别人交流。此时我们就以"我有社交恐惧症"来充当拒绝活动的挡箭牌。第二种，在诸多社交活动中充满行为和精神障碍，不能正常参与。但是在某些符合自己兴趣的活动和环境中，这些社交恐惧症者还是可以恢复常人的行为方式。也就是说，这类社交恐惧症者对社交存在一定的条件和要求。

这两种"社恐"症，需要对症下药去改变。

明确造成其社交恐惧的缘由

造成社交恐惧的原因可能是一次恐怖事件、群嘲、尴尬等，只要找到源头，在改变的过程中，要尽量避免这些情况再次发生。

寻找合适的定位针

对上一步骤中涉及的内容，我们可以按照"合适的社交环境"和"合适的社交目标"展开定位。比如，患者喜欢安静的环境，那么就别把他送到一场摇滚演唱会现场；患者喜欢跟对脾气的人聊天，就为他寻觅此人。

◆ 见到陌生人，如何自信大方不脸红

斯坦福大学曾经做过一次调查：随机抽样调查了一万多名成年人，结果显示，其中40%的人都有不同程度的害羞心理。换言之，每个人多多少少都有羞怯心理，有些人表现较轻，不影响正常社交，而有些人严重一点，比如见到陌生人就会脸红心跳，给人不自信的印象。

大力是一个身高1.8米的大男孩，私底下却非常腼腆。有一次，一个朋友找他聚聚，他去了才知道，朋友还叫了两个他不认识的人。朋友给大力介绍，大力很不自然地和对方打招呼，借助点菜缓解尴尬。他眼睛盯着菜单，心里却在想等会儿如何应付不认识的人。

这时，只听朋友在旁边催促道："一个大老爷们，点菜磨磨叽叽的，喜欢什么你就点什么。"大力刚想分辩，就听到两个陌生朋友的笑声，顿时，大力的脸通红，一直红到了耳根子。"哎呀，你的脸还红了？"朋友肆无忌惮地说。就在大家再次爆发出笑声时，大力实在忍不住内心羞怒的情绪，直接起身离开了餐厅。

在日常社交中，害羞的人最怕和陌生人相处，这种心理上的恐惧、焦虑除了与自身表达能力的欠缺有关系，更多是由于内心的不自信。"社恐"无非就是怕表现自己时，某方面做不好而引发别人嘲笑、批评，

害羞之人大多是在事情发生之前担心，预先设想外界的负面反馈。

这种害羞心理是如何产生的呢？相关研究证实，害羞心理的形成有两方面原因：一方面是天生的，源自家族基因，属于先天因素；另一方面是后天因素。有心理学家曾对一批儿童进行过长达20年的跟踪研究。一开始他找来一批性格偏内向的小孩，10年之后，其中三分之一的小孩性格由内向害羞变为外向大方，而三分之二的小孩依旧害羞。他进行深入调查后发现，孩子性格的变化和他们父母的教育方式、生活经历等情况有关。

在害羞心理的后天形成过程中，青春期是非常重要的一步。孩子无论在生理上还是在心理上都发育得最旺盛，激素分泌增多，从而引起自身感应性的反应，一旦影响性格的突发事件发生，人就容易变得紧张和胆怯。比如，孩子在成长过程中受到责骂、嘲笑、戏弄，心里形成阴影，自卑心理就形成了。孩子以后会特别害怕自己暴露在人群之中，在潜意识里启动自我保护机制，用一种较为低调隐蔽的害羞姿态，"隐身"起来，以免被别人伤害。

一个人即使存在害羞基因，仍然可以通过后天努力改变。那么，如何才能克服害羞心理，让自己更加勇敢地去把握值得把握的人和事呢？

给自己积极的暗示

美国汽车大王亨利·福特说过一句话："无论你认为自己行还是不行，你都绝对是正确的。"这句话的意思是：你一直想着自己是什么，你就会以想象中的样子去行动。这就是积极的心理暗示。

很多人容易脸红，习惯在心里暗示"我没有自信""做不好肯定会被取笑"等，手足无措之下，脸自然就红起来了，事后只会羞愤不已。所以，要克服害羞，需要每天给自己一些积极的心理暗示，以一种新的姿态去与他人交往。

选择积极的社交对象

如果一个人经常待在充满负面语言的环境中，想克服害羞将是一件很困难的事情。假如跟一些积极向上的人待在一起，在正面态度的感染下，心态也会积极起来，然后才会有勇气接触不同的人和事，感受更广阔的世界。当一个人的心胸慢慢开阔，害羞心理也会慢慢消失。

尝试外出

害羞的人会存在不同程度的人群恐惧症，一直待在家里就没有机会克服害羞。不如尝试着独自外出：一个人吃饭，一个人看电影，一个人购物。不用担心走在街上会被人关注，大家都很忙，没有人会关注你，在人群中慢慢培养自立、自强、自信的性格，进而克服害羞心理。

克服害羞不是一朝一夕之事，而且其中必然存在诸多尴尬、难堪，但是只要我们有耐心、有信心，走过这个艰难的过程，就一定可以克服害羞心理。

✦ 说话时，不敢看对方的眼睛，怎么克服

一些人在人际交往中，尤其是在初次与人见面时，由于紧张和害怕，会低着头看地板或盯着对方的脚，要不就"顾左右而言他"，这是很不礼貌的行为。

大成第一次陪女朋友回家，这是他第一次正式到女朋友家里见未来的岳父、岳母。尽管女友一再告诉他，她的父母都很随和，不用紧张，他还是忐忑不安。

从和女友一起进门，他就不敢和未来的岳父、岳母对视。他不安地坐在沙发上，感觉有目光在自己身上反复打量，他不敢抬头，只好盯着茶几上的水果盘，手也不知道该放哪里。

直到晚饭，他才表现得自然了一点，女友笑他："紧张得跟进皇宫见皇上似的。"他不好意思地笑了。

有时候，太紧张会使我们不敢和对方进行目光交流。针对这种情况，我们可以提前做一些准备，防止太紧张。毕竟，在谈话中如果你不愿进行目光接触，别人会觉得你企图掩饰什么或心中隐藏着什么事，甚至会认为那是怯懦和缺乏自信心的表现。这些都会妨碍人际交往。

在人际交往中，目光交流是一种礼仪，需要格外注意。

首先，即使是在普通的社交谈话中，目光也一定要注视谈话者，这是礼仪的要求之一。在别人讲话时眼睛东张西望、心不在焉、玩弄东西或者不停地看手表是很不礼貌的行为，也难以得到他人的尊重和信赖。

其次，当你与他人交谈时应该尽量把目光局限于上至对方的额头，下至对方上衣的第二颗纽扣以上，左右以两肩为准的方框里，尤其是不能明显地将目光集中于对方脸上的某个部位或身体的其他部位。

最后，要注意不能对着关系不熟或关系一般的人长时间凝视，否则对方会感到浑身不自在。这似乎是全世界通行的礼仪规则。若路遇陌生人，应尽量避开眼光对视。上下打量人则更是一种轻蔑和挑衅的表示，容易引致对方的不满情绪。

同时，眼神礼仪还有一些注意事项。

注视的时间

注视时间可以表明一个人的态度。一般来说，当你与别人谈话30分钟，对方对你的注视却不足10分钟，这说明对方在轻视你；如果注视在10到20分钟，这说明他对你是友好的。如果对方一直注视着你，则可能有两种情况：重视或者敌视。也就是说，与别人谈话时眼睛的注视时间要占谈话时间的三分之二为宜。

注视的部位

通常来说，在不同的环境和交谈中，注视的部位也应不同。额头，属于公务型注视，在不太重要的事情和时间也不太长的情况下适用；眼睛，属于关注型注视；眼睛至唇部，属于社交型注视；眼睛到胸部，属于亲密型注视。

注视的角度

注视的角度一般有三种：平视表示平等，斜视表示失礼，俯视表示轻视别人。在人际交往中，目光应正视对方的眼、鼻三角区，以示尊重。当对方沉默不语时，就不要盯着对方，以免加剧他的不安，造成尴尬局面。在整个交流过程中，还要特别注意不要使用向上看的目光，因为这种目光常常会给人一种目中无人、骄傲自大的感觉。当然更不要东张西望，以免给人以缺乏修养、不懂得尊重别人的印象。

在交际场所，眼神是一种深情的、含蓄的无声语言，往往可以表达有声语言难以表现的意义和情感。动物学家们发现，在动物世界里，由于缺乏有效的语言沟通，动物之间互相威胁、挑起"战争"的形式多数是从怒目相向开始的。

眼睛是人体传递信息最有效的器官，它能表达出人们最细微、最精妙的内心情思，从一个人的眼睛中，往往能看到他的整个内心世界。所以，我们在与人交往时，务必要注意眼神的运用。与人交谈，要敢于和善于同别人进行目光接触，这既是一种礼貌，又能使双方维持良好关系，使谈话在频频的目光交接中持续不断。

✦ 打破结巴障碍，当众讲话的自信之道

试想一个场面：你站在台上，台下坐满了听众，所有人都把目光集中到你身上，有人微笑，有人冷漠。这时，你额头冒汗，心脏狂跳不已，大脑瞬间一片空白，如鲠在喉，最后硬挤出几句结结巴巴的话，引来哄堂大笑。你万分尴尬，只想赶快结束讲话，找个地缝钻进去。

阿铭担任过一个项目的小组长，项目做得很不错。有一次，领导要听取项目的细节，要求他组织一个小型会议，做重要陈述。结果，阿铭做报告时，站在屏幕前，憋得面红耳赤，却没说出一句话来。看着台下领导期待和鼓励的眼神，他更加紧张了。几分钟后，他不得不假装自己胃疼，逃下了台。

从那以后，他便对当众讲话产生了心理阴影。每次领导想要提拔他，他便找各种理由拒绝。其实原因只有一个，那就是他担心一旦自己成了领导，肯定要跟员工开会讲话，这是一件难事。他一边拒绝升职，一边因为克服不了心理障碍而烦恼，这简直就是一种折磨。

在公共场合讲话，是一次展示自我的好机会，同时也会面临各方面的压力，即使是著名演讲家也会有压力，但是他们能够在不利形势下调整自己，不让恐惧占上风，进而影响到说话，反而增加了说话的

兴奋感。

从心理学上分析，拥有"开会恐惧症"的人，在平常生活中遭遇事情时，会产生强烈的挫败感，每每认为尚未发生之事存在威胁而紧张不安。而且他们对事件的细枝末节也颇为敏感，终日纠结于细节中难以自拔。

这其实是一种消极的自我暗示和潜意识中过于强烈的自我保护。他们自以为胆怯，用幻想出来的感受和情景来吓唬自己，作茧自缚。正常演讲之前的紧张应该是这样：上台前确实紧张，一旦上台后，反而能够全身心地投入，忘我地进行表演，通过表演找到感觉、找到自信。

翟先生被提拔为公司副总，领导要他上台讲几句。他本来为人豪爽大方、十分外向，感觉当众发表一下感想并不是什么难事。

可是，当他真正站在演讲台上，看着黑压压一片员工都盯着他看时，身心一下陷入了恐惧之中，甚至两腿发软、站立不住。可是翟先生没有逃避，他清了清嗓子说："一直以来我认为自己性子大大咧咧，对付这样一个演讲没什么问题，可当我看到你们时，真的很慌乱，差点瘫软。"

这话刚说完，领导和台下的员工们一起笑了，而翟先生把真实的感受说出来后，之前的紧张和恐惧就烟消云散了，突然寻回了自信，开始畅所欲言起来。

这种揭自己短的行为可以说是驱除恐惧紧张的良药，有让人立刻恢复心静的效果。这在心理学上叫"内观法"，也就是说知道自己内心的感受，将这种感受如实地表达出来，心中的焦虑、恐惧等不适感都会消失殆尽。

那么，如何克服在人前讲话时内心的紧张感呢？

内心里与自己对话

每个人的心里都有一个"小我"，而就是这个"小我"影响着我们的言行。"我要上台演讲了，好紧张，能把稿子说得很精彩吗？在那么多人面前说错话多丢人啊。"登台前，这个"小我"就会很自然地这么叮嘱我们。这是造成我们紧张的原因。

所以不妨和"小我"对话，明确我们的内心到底在紧张什么："前期好好准备，一定没问题的。不必要的紧张反而会让自己说不好。"让"小我"多一些积极的心理暗示是非常有效的做法。

假装很自信

演讲时不自信怎么办？假装很自信，给自己打气，如果总告诉自己不好，那就永远自信不起来。通过一次次假装的小自信，逐渐把它发扬光大成真正的自信，长期保持这种心态，自己会在发言时变得越来越优秀。

练习逻辑推演

我们对于讲话的恐惧是不是因为我们自身存在逻辑思维能力差的问题呢？因为深知自己逻辑思维能力差，所以我们才会在讲话时畏畏缩缩、恐惧不已。所以，我们平时与人交谈中，要明白谈话的主题内容，在主题下规划好诸多要点，然后逐条叙述，一点一点推演，就可以抓住听众的心。这里建议可以读一下《金字塔原理》等逻辑思维方面的书籍。

✦ 和异性在一起，如何克服紧张焦虑感

你在异性面前是否有过以下表现：面红耳赤、目光紧张并竭力回避目光接触？当和异性交往时，你会掩饰紧张而拒绝交往，即使在一起，也会时刻注意形象，手不知道放哪里，眼不知道往哪儿看。异性的某个不经意表现，在你的解读中成为对方喜欢自己、讨厌自己的信号。严重者还会脸红、口干舌燥、出汗、抖动等。如果你有这些症状，那就说明你可能有异性交往恐惧症。

异性交往恐惧症指潜意识里有与异性接近的愿望，却为此产生了严重的焦虑恐惧情绪。异性交往恐惧症往往来源于自我强迫，你在内心强迫自己生出一些古怪想法，越拼命控制，越难以控制。

菲菲特别害怕与男性交往，跟对方说话都会紧张、出汗，常常语无伦次。这一问题给她的生活、工作和恋爱带来了很多负面影响。后来，菲菲为了避免尴尬，干脆选择直接拒绝男性的追求。这直接导致她快30岁了还没正式交过男朋友。

不只是女生见到异性会紧张，很多男生见到女生也会手忙脚乱、不知所措。

小星很怕参加聚会，只要一听说有女生在，别的朋友都很高兴，而他就会找理由拒绝参加。就是在路上遇到了熟悉的女性朋友，他也会远远躲避。小星听家里的安排，相过几次亲，可是跟女生说不了几句话就没有了话题。为此，他常常感到苦恼。

对每个正常人来说，在与异性交往的过程中，总会有一种特殊的心理感受，这是正常的逃避情绪。就好像你想对一个女孩表白，明明做了很长时间的准备，可是到了跟前，还是忍不住想要再等一等。

从心理学角度来看，异性交往恐惧无非有两个方面的原因：一是以前在某段感情经历中受到过伤害，以此为戒心；二是从成长过程来看，除了父母等少数异性之外，缺乏跟异性同龄人、同学、小伙伴的接触与交流，从小就在心中种植下与异性交往的障碍。此外还有封建传统思想的影响，面对异性总是高度戒备，久而久之就形成了严重的心理障碍。

其实克服异性交往恐惧症也没有那么难，最重要的是学会主动交流。从最简单的打招呼做起，不需要多说什么，哪怕只是一句简单的问候都行。一定要勇于实践，而不是止步于想象。只要迈出第一步，开口和异性说话，你就会发现，大家都是人，不是没有感情的生物，与人交流、相处也是一件很快乐的事情。

可为什么偏偏有人越想克服却越难以克服这种障碍呢？其实是他们怕被异性冷落，也就是在交往之前就心持悲观态度。异性对自己的评价好坏，取决于个人表现与对方的眼光和认知，这是客观存在的事实，为了防止这种可能存在的冷落带来的心理伤害，我们在和异性打交道时，要提前把局面想好。要对自己有信心，不是所有的异性都喜欢你，同样也不是所有的异性都讨厌你。有了这种心理准备，心理恐惧就会慢慢淡化。

异性交往恐惧主要是心理和情绪上的恐惧，因此要想解决问题，还须从这两个方面入手。

接受内心的紧张

从心理学上来看，我们总是习惯于暗示自己："不要紧张，不要紧张。"可这种看似积极的暗示每每取得相反的效果。这是因为，人在接受具有挑战性的事情时，总会产生莫名的压力，因而积极暗示反而变成了压抑性暗示。对此，我们必须认清紧张的原因，接受它，才有可能战胜它。

比较好的暗示应当是这样："我正在与异性相处，虽然我对此有些反感和逃避，但这些都是正常的心理反应，大大方方，好好表现自己。"

在情绪上放松

心理上放松后，还需要在情绪上放松，只有这样才能不让人察觉到你内在的紧张感。而女人的气质、男人的气场都依赖于良好情绪的带动。既然在与异性相处时，最符合生物表现的行为就是展现自己最得意的优点，以吸引对方的注意，那么你也可以为自己紧张的情绪增加一丝自信。

很多时候，对异性的恐惧就是因为接触得少，所以你不妨扩大自己的交际圈子，多认识一些有不同特点的异性朋友，这样的话恐惧就会自然消失，你的社交也会显得从容许多。

✦ 逢年过节最怕见亲戚，是什么心理

逢年过节，人们总是免不了走亲访友，可如今越来越多的人逐渐开始反感、抵触，乃至恐惧这类家庭聚会，这一心理就被称为"拜年恐惧症"。

临近春节，同事们都在准备着回家事宜，阿丽却有些纠结，她一想到上次被一群长辈们围着催婚的场面，耳边就回响起他们的话："你今年都32岁了，还不赶紧结婚，以后想结婚都难了。""你看你小姨家的表姐，早就结婚了，孩子都上学了。""早结婚，早生孩子，年龄再大生孩子就危险了。"可她真的还不想结婚，越想心里越烦躁。

恰好此时父母打来电话，询问她什么时候回家，阿丽随便找了个理由搪塞了过去，并表示过完年后自己才会回家。

不只是大龄未婚青年，大多数年轻人或多或少都会有"拜年恐惧症"，其根源就在于长辈或亲戚总会问一些让我们感到烦心的事情，而我们出于尊重和礼节，既不能翻脸，又不能沉默以对，只能强忍着尴尬沟通下去。但他们说的话题，有时实在令人难以忍受。

讨厌被说教

更多时候，我们不想见亲戚，主要是亲戚的态度让我们非常不爽。他们作为长辈，出于关系和期望，在沟通中难免会对我们进行说教。比如，我们学习成绩差，他们会教训我们不要贪玩、要好好学习；我们的工资不高，他们会语重心长地告诉我们挣这些钱以后无法养家；我们年纪大了还没有结婚，他们会提醒我们不要眼光太高。可事实上，这些事情我们心知肚明，有时候我们有自己的苦衷，无法对他人言说。再加上人们天生反感说教，这些都会导致我们更加厌恶这种场合及这种交流。

讨厌被比较

还有一类亲戚喜欢炫耀和攀比，他们会大力挖掘我们的隐私，并以此来证明他们的孩子比我们优秀，或者单纯地证明我们过得不过如此。在沟通中，他们总是会打击、挖苦我们。比如，我们说每个月挣8000元，对方就会说："八千够花吗？我家孩子在北京一个月挣一万多元，有时还向我要钱呢！"我们说在外地买了房子，对方就会说："咋在那里买房子啊？花这么多钱。不如在老家县城买个大点的，这样你爸妈还能住上。"无论我们说什么，他们总是能从各种角度对我们进行批判，而这些话很容易加剧我们对自我期望与现实存在差距的不安。

逃避只会让自己更难受，我们不如面对问题。那么，我们该如何应对这些敏感话题呢？

巧妙置换逻辑

问："工作这么些年了，什么时候买房啊？"

答："首付还差200万元，你要借我钱？"

> 问："你在北京工作，什么时候把你爸妈接过去？"
> 答："等北京空气好了。"

对于这类"暗藏杀机"的问题，不能直接回答"北京压力大，买不起房"，或者"我爸妈不习惯城市生活"。巧妙置换一下逻辑，把问题抛给对方，让对方哑口无言。

转移问题的重点

> 问："工作这么些年了，你一个月挣多少钱啊？一定不少吧？"
> 答："还行，年薪不到千万，月薪不到百万吧。"
> 问："你还单着呢？别那么挑了，差不多得了。"
> 答："我不挑啊，某某什么时候离婚了，我就娶（嫁）。"（这个用来当"挡箭牌"的人最好是知名异性艺人。）

被打听薪水，如果我们回答"挣得不多"，很可能会引来嘲笑。那我们不妨使用转移问题重点的方式，比如通过适度的夸张，让问题在笑声中化解。被催婚，如果我们正面回应，会陷入尴尬，找个可望而不可即的名人做"挡箭牌"，可瞬间化解。

✦ 工作中害怕跟领导沟通，怎么办

很多人一想到与上司沟通就会不由自主地紧张起来，然后在沟通中出现逻辑混乱、声音发抖等现象。害怕接触领导，相信不管是刚入职的新人，还是工作多年的老员工，都对这种现象有同感。

开会时坐在离领导最远的角落，把头埋低，呼吸放轻，生怕一个不小心被领导听到、注意到；看见领导进电梯，赶紧故意放慢脚步，好搭乘下一趟。我们就像课堂上害怕老师点名提问的学生一样，不敢与老师对视。

子涵之前的工作一直很顺利，可就在今年，公司新上任了一位经理，他的管理方法十分严厉，闹得公司员工都有些怕他。有一次，子涵工作上出现了失误，客户追问过来后，经理大为恼怒，直接把他痛批一顿，并且警告他，如果再有这样的事情发生，他就走人。

经过这件事之后，子涵的心理压力非常大，一方面，在工作时极度不放心，即使是一个很简单的工作，他也要多次检验，大大降低了工作效率。另一方面，一种无形的距离感在心里产生了，一想到经理那张发怒的脸，他就感到浑身不自在。

后来每次开会时，他都会躲到离经理最远的小角落里，始终低着头，一言不发，生怕说错话而被训斥。

本来子涵认为自己躲躲，心理上的阴影就会消失，可是这种恐惧感有越来越严重的趋势，后来慢慢发展成了只要看到经理打来电话，他还没接，心中就"咯噔"一下，以为又出什么事了。

这就是职场上常见的"上司恐惧症"，这种职业病屡见不鲜，严重的还会引发社交障碍。身在职场，每天与上司、领导打交道已经成了一种不可避免的事件，而能否处理好与上级的关系，是判断一个人的职业生涯道路发展是否顺利的关键。

心理学家认为，很多员工之所以害怕上司，往往是太在意上司的看法所致，今天被上司夸奖，能够活力满满地做一天工作；明天被上司批评，就死气沉沉什么都不想做。在这类人心中，上司对自己的看法和评判标准十分重要，因为这与职业前景密切相关。

良好的职场关系应当是这样的：员工不回避上司，与上司保持双向沟通，这样既可以向上司表达自己对于工作的想法，也可以明白上司对于工作的指导方向，员工能够借此展示自己的工作能力。

为什么害怕领导？总结下来，原因无非有以下几点。

畏惧权威。大部分人都会对权威有恐惧心理，这是人之常情，就好比小孩子一看到父亲瞪眼，就吓得乖乖就范。尤其对刚刚进入新环境的员工，他们没理清环境中的人际关系网，为了保护自己，服从权威就是最好的方法。从个人经历上来说，我们从小到大不断听从家长、老师的教导。小时候越听话的孩子，在职场中就越容易害怕领导。其实他们并非害怕，他们只是习惯于像服从家长、老师那样服从权威，不愿意反抗。

《社会性动物》一书中指出："如果我们身处不确定的场合，只能依据他人的行为去行事，那么之后在类似情境中时，不需要暗示，我们便会重复刚刚学到的行为。"老员工同样会畏惧权威，这是因为这些人的业务能力不过关，更加依赖领导，依赖感越强，畏惧感越强。

自尊心过强。如果上司比员工还年轻，员工就会拿自己和上司比较，以证明自己的能力更强一些。面对这种情况，要摆正心态，每个人有不同的人生经历、背景和运气，不如努力从领导身上学东西，提升自己。

不了解领导。无效沟通往往是因为员工不了解上司的风格。比如，领导的性子比较稳重，而你在汇报工作时，火急火燎，但是领导没有听取到细节，在他眼里，你这种工作方式就是不专业的表现。一旦两个人互相看不对眼，你就会产生逆反心理，害怕且不愿意与领导沟通。

那么如何摆脱对上司的恐惧感呢？

立足于现实

要立足于现实，认识到上司也是平凡人、普通人，并不是张牙舞爪的怪兽。比如，你偶尔发现，平时严肃的上司竟然私下也会去网吧玩LOL（英雄联盟，一种网络游戏），甚至可以一起开黑。你在心中认清楚上司也是有喜怒哀乐的普通人，如此也就不会畏惧了。

不因自卑而畏惧

虽然现在你因为有些地方做不好而愧疚，进而表现为不愿意和上司过多接触，但既然你能够通过面试，上司也愿意花工资雇用你来工作，就说明你不是一个没有能力的人。你要告诉自己你是上司需要的人，逐步建立自信，克服自卑。

克服创伤应激反应

简单来说，创伤应激反应就是"一朝被蛇咬，十年怕井绳"。如同上文的案例中所说，一个人可能曾因为工作上的失误被上司狠狠批评，导致害怕上司，其实这些都是职场受挫后产生的应激反应而已。如果确实因为一些失误无法面对上司，不妨给自己放个假，先把压力宣泄掉，然后重整心情再出发，一定要做好工作，向上司证明"我能行"。

还是那句话："上司也是有血有肉的凡人。"上司需要员工做好自己的工作，如果因做得不好被批评，要及时改进工作，而不是把恐惧压抑在心里。只有靠工作能力说话，证明自己，才能够与上司谈笑风生，同时摆脱恐惧症的困扰。

第二章

向上社交，打开你的社交格局

不敢与领导接触，不敢与优秀的人为伍，是你无法突破的重要原因。向上社交，勇气是关键。首先你要自信，平视对方，不看低自己。其次是提升自身的价值。

真正的向上社交，不是讨好领导，而是敢于向优秀的人靠近，有效积累自己的人脉。没有无缘无故对你好的人，也没有不需要维护的关系。先拿出你的真诚和尊重，再谈合作。

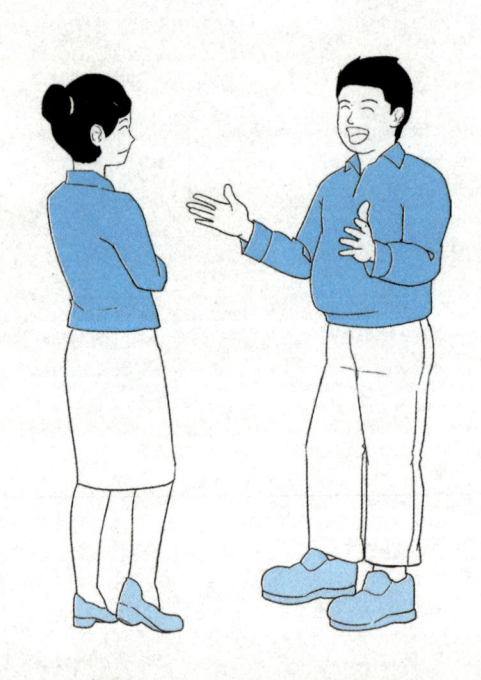

✦ 突破舒适区，别被现有的圈子限制

在《谁动了我的奶酪》的故事里，小老鼠在自己原来的窝里，觉得很舒服，一旦出去就会感到很彷徨、很无奈、很恐惧，所以它不愿意出去。这个窝就成了它的"舒适区"。

的确，在自己的舒适区里待着是安全、放松的，但是这也限制了个人发展的空间。我们在与以前的老朋友相处时，感觉是舒适的，其实这也是一个舒适区。要想拓展自己的发展空间，我们就要大胆地离开舒适区，靠近你所向往的交际圈，而不是缩在以前的交际圈里享受舒适。

身份高的人无论阅历，还是学识，都可能高我们一筹。与他们交往，作为普通人的我们常常会有些胆怯，有时甚至会不敢与对方交往，而有意识地回避对方。加上身份高的人一般不会主动与我们交往，所以我们往往就很难结交到身份高的朋友。

姜先生在一次会议上结识了一位有成就的作家，他十分珍惜这层关系，可他是个平常的人，又是小字辈，所以并没有引起作家的注意。但姜先生认为这很正常，没有生气、赌气，而是每逢节日必寄贺卡给这位作家。终于作家记住了姜先生，并与他有了不寻常的友情。

成功学大师卡耐基告诉我们，如果能够主动对别人表示兴趣和关心，那么你可能就会交到更多的好朋友。的确，主动交往对人际关系起着积极作用，它能促进人际关系的发展，并能进一步巩固人际关系。我们可以这样去做。

主动打招呼

打招呼是联络感情的手段、沟通心灵的方式和增进友谊的纽带，所以，我们绝对不能轻视和小看打招呼。而要有效地打招呼，首先应该做到积极主动。

主动打招呼所传递的信息是："我眼里有你。"谁不喜欢被别人尊重和注意呢？如果你主动和单位的人打招呼持续一个月，你在单位的人气可能就会迅速上升。

见了领导主动打招呼，说明你心中敬重领导；见了同事主动打招呼，说明你眼里有同事；见了下属主动打招呼，说明你体恤下属。永远记住，你眼里有别人，别人才会心中有你。

赞美对方

在比我们能力强的人面前，我们应该学会赞美对方，表达自己的仰慕之情。在你真心的赞美之下，任何人都会感到开心，都愿意与你进一步交谈。但是赞美千万不可变成阿谀奉承。这从表面上看似尊重对方，但是它与尊重有本质区别。阿谀奉承、虚情假意、夸大其辞、别有用心，只能让身份高的人反感、嫌恶、痛恨。双方本来可以建立友情，但因失去真情而无法发展下去。

请教、求助于对方

在身份高的人面前，我们显得很弱小、稚嫩，所以我们要接受并求得呵护。一则是我们与他们交往会寻求和迫切需要得到一些东西，二则是他们作为身份高的人，也会从中获得施与和扶持之乐，是一种自我价值的实现。在寻找呵护时，一要尊重身份高的人的愿望，二要适度得宜，不可仰仗、依附于对方。

小刚对本校一位知名教师十分敬重，主动拜他为师，经常请教一些问题，求得帮助和指点。由于小刚求知若渴，所以他每次请教都有收获。而在这一次次的请教中，那位教师也对小刚产生了浓厚的兴趣，并逐渐有了很深的友情。

表现自己要有度

从交往的过程来说，身份高的人是交际的主角，而我们则是配角，处于次要地位。这是交际现状，也是交际规律，是由双方的交往身份和交际能量决定的。我们要积极支持身份高的人，热情配合身份高的人，鞍前马后，服从需要，听候调遣。这是合乎交际现实的，不仅不会损害我们的"身价"，而且会取得身份高的人的信任。而如果不能摆正这层关系，不恰当地显示自己的能耐，卖弄自己的才华，以至于背弃、排挤身份高的人，结果往往适得其反。

✦ 大方打招呼，不用假装看不见

生活中常常有一些人，遇到熟人、上司、班主任，总是低着头，从另一个方向走，装作根本没有看到对方的样子。

打招呼，是人与人交往的起点，是打开社交的第一扇大门。比如，你需要去拜访客户，你与客户之间的关系是陌生的。他对你的第一反应是抗拒，是抱有戒心。见面的时候，你第一时间要面带微笑，向对方打招呼。这不仅是最基本的礼貌，也可以打破横亘在两人间的隔阂，让他放松下来，与你建立新的关系，让事情朝着你期望的方向发展。

电视剧《都挺好》播出之后，收视率一路上升。女主角苏明玉的成功更是为人津津乐道。

在第三集，苏明玉为了实现出国梦想，做各种兼职工作。有一天，她在路边发传单，遇到了人生中的贵人老蒙。

苏明玉主动和老蒙打招呼，并且向他推销自己的产品。老蒙是一家公司的老总，很好奇眼前的这个姑娘为何有如此大的野心？

苏明玉借此向老蒙诉说自己要出国的梦想，并且声称自己是一个值得投资的人。老蒙欣赏她的野心，将她收为徒弟，成功地带她进了公司。最后，苏明玉通过打拼，成了公司的一把手。

情商高的人，与人见面会第一时间向对方问好，给对方留下一个好印象。很多时候，主动和别人打招呼更有可能收获意想不到的好结果。有时候，即便"你好""早上好""吃饭了吗？"这种简单的招呼，也能打开聊天局面，收获他人的好感。

打招呼的常见类型有问候型、攀认型、关照型。

问候型是指一些问候语，较为典型的说法是"您好""很高兴能认识您""见到您非常荣幸"。比较文雅一些的话，可以说"久仰"，或者说"幸会"。还有一些貌似提问实际上只是表示问候的招呼语。如："上哪去呀？""吃过饭了吗？""怎么这么忙啊？"

攀认型是抓住双方的共同点，并以此为契机进行发挥性问候，以达到与对方顺利接近的目的。如"你是上海人啊，说起来，我们算是半个老乡了。虽然我出生在北京，但是我母亲出生在上海呢。""你的家乡在昆明？四季如春的城市，是我做梦都想去的地方。"像"自己喜欢的地方""同乡""自己认为的人间好去处""自己向往的地方"等都是适合与人打招呼的话题。

关照型主要是指在寒暄时积极地关注对方的各种需求，在寒暄过程中不露痕迹地解决对方的疑问或疑难。比如，听说对方准备去某个景点旅游，一定要关心那里的天气、门票、路况等，你就可以从这些他感兴趣的地方谈起。如果你恰好去过那里，那就更好了，你可以介绍自己去时的一些实际情况，以自己的亲身经历告诉他，哪些景点需要注意什么、哪里的饭菜既美味又便宜等。

总之，寒暄语不一定有实质性内容，而且可长可短，需要因人、因时、因地而异，但通常应该简洁一点，还要表达出对别人的友好与尊重。寒暄语不要过于程式化，关心对方时要真诚。此外，寒暄语应带有友好、敬重之意，既不容许敷衍或打哈哈，也不可以戏弄对方，让对方对你产生反感情绪。

在职场中级别关系是非常敏感的，上下级之间的相处方式，对工作势必会有很大的影响。所以，上下级都应该在相处礼仪上多多注意。

尊重上级：在口头上、行动上努力维护好领导的形象和声誉。对领导应以职务来称呼，在任何场合都不可以直呼其名。遇见领导时要主动打招呼。

秘书、助理礼仪的含义：秘书、助理在与人交往时要使用表示友好和互敬的行为举止，如握手、打招呼等。秘书、助理礼仪的特点：规范性，秘书礼仪是对人的行为举止的规范；差异性，任何国家和民族都有自己特别的礼仪；变化性，礼仪是社会发展的产物，时代在变化，人们的生活在变化，礼仪也会相应地发生变化。

接待来客要热情周到，让对方真切地感觉到你的友好态度。要明白会客礼仪的重点是尊重与友好。如有客人来，要立即热情友好地打招呼，纵使正在打电话，也要对来客点头示意，一定要表示出诚挚的尊重。

✦ 利用网络的力量，让自己赢得关注

网络已成为一种迅捷的通信与传播工具，它切实帮了我们很大的忙，即使是在工作、事业上，我们也借助它更好地宣传了自己，实现了"弯道超车"。

尚久亮是某家中型企业的销售部经理，他在闲暇的时候喜欢上网打发时间，还经常写点文字，诸如自己在商场打拼的经历、体会、遇到的问题及解决方式等，发表在博客上，久而久之，聚集了不少人气。

有一次，他发现自己的一篇博文下有人写了评论，大致内容是此人的读后感及对文章的肯定和赞美。尚久亮很高兴，马上予以回复，并关注了对方。一来二去，两人建立了很好的"文缘"。

不久之后的一天，两人相约见面，交谈甚欢。尚久亮这时才得知这位网友竟然是本行业中第二大集团的总经理，也是集团的大股东之一。对方很欣赏尚久亮的商场经历与涵养，诚挚邀请他去自己的企业上班。现在，尚久亮已经是这家企业营销策划部门的经理，他与总经理仍然保持着网络上的交流，二人相处得很融洽。不仅如此，尚久亮在网络上的知交遍布全国，人脉得以扩展，同时也促进了他的业务开展。

网络资源具有庞大的架构体系，只要你运用得当，它就会为你汇

聚大量"志同道合"的朋友，在全球范围内找到和你有共同志趣的人、发现商业良机、达到不同族群之间的理解和交流。而且，随着网络通信方式的不断深入，这种人以群分的生态形式，与现实产生了互动，在很大程度上已经接近我们真实生活中的人际交流圈。

利用网络资源宣传自己固然是一种很好的交际方式，但这必须建立在遵守道德与规则的前提下，才能达到使交往双方都获益的目的，否则，最终受到惩戒的还是自己。

一名刚出道的歌手为了宣传自己的新曲，想到一个方法，他开始在网络上为自己打广告，却不走通常的宣传路线，而是剑走偏锋，刻意曝光自己的丑闻及私密事务，并发表恶意攻击性言论。

四通八达的网络很快将他的各类事迹疯狂传播，他终于得到了大家的关注，却不是他想象中的追捧，而是四面八方的大吐槽。网友们的各种抨击、谴责如洪水般袭来，令他难以招架。有综艺节目借机请他登台，却因舆论压力而被迫停播。这位年轻歌手不仅没能成功将自己推销出去，反而搞坏了名声，葬送了自己的演艺之路，真是得不偿失。

总之，网络是把双刃剑，就看使用的人怎么"比划"。正确地利用会让自己受益无穷，获得乐趣；若使用不当，也会伤了自己。

✦ 学会漂亮地推销自己，让人记住你

介绍自己时，若说"我叫某某某，在某某地工作"或者"擅长什么"之类的话，只会让人感觉乏味。一次失败的交友，源于失败的自我介绍。

在人际交往中，自我介绍无须长篇大论，最好能在短时间内把自己的基本信息用幽默的语气说给对方，把枯燥的自我介绍变成一种语言上的魅力展示。

著名相声表演艺术家马三立在一次相声表演中做了一次非常诙谐有趣的自我介绍："我叫马三立。三立，立起来，被人打倒；立起来，又被人打倒；最后，又立起来……我今年85岁，体重86斤。明年我86岁，体重85斤。我很瘦，但没有病。现在，我脚往后踢，可以踢到自己的屁股蛋儿，还能做几个下蹲。向前弯腰，还可以够着自己的脚。头发黑白各一半。牙好，还能吃黄瓜、生胡萝卜，别的老头儿、老太太很羡慕我。"

马三立风趣、幽默、豁达的形象活灵活现，让人忍不住莞尔一笑。

我们知道，在初次与人见面时，一个幽默的自我介绍往往能给人留下深刻的印象。

台湾女作家琼瑶成名之后，曾在一部书的序里写过自我介绍："籍

贯湖南，体重49公斤，1938年4月20日生，属虎，O型血，不抽烟，不喝酒，不爱运动。最爱紫色，最爱冬季，最喜深夜，最爱吃柳丁。怪癖是不爱被陌生人拍照。基本个性——好胜，不服输，别人认为我做不到的事，我一定要试试。"

这样风趣幽默的自我介绍能够在瞬间吸引到别人的目光，并且让人印象深刻，这样的幽默别人记不住都难。

我们在做自我介绍的时候可以赋予自己的名字积极的意义。如赵杰这个名字，如果说：赵，是走之旁，加一个叉，杰是木字下面四点。这样就没有新意。如果说："赵，是赵钱孙李的赵，百家姓中第一姓，杰，是英雄豪杰的杰，我的理想就是要做一个堂堂正正的英雄豪杰，不枉第一姓的称呼。"这样必定会让人印象深刻。

自我介绍，多是为了推销自己。不管你的目的是表达自我、与对方简单认识一下、深层次交友，还是求职面试，一个创新的、优秀的自我介绍往往会带来不错的收获，给他人留下美好的第一印象。

好的自我介绍如同敲门砖，能让你在纷乱复杂的人际交往中脱颖而出，人们会记住：这就是上次在自我介绍中给我讲笑话的那个人。现在的交际就讲究谁能在最短时间内让别人记得更久，记得越久对你就越有利。所以，一次有创意的自我介绍远远胜过给别人十张名片。

想要在人际交往的竞争中出类拔萃，就要学会几套有创意的自我介绍。在面试、约会、见客户等场景中用到的自我介绍不可能一样，而且实现创意最简单的办法就是让人会心一笑，也就是幽默，所以自我介绍里带有你独特的幽默就是很好的创意。

✦ 别害怕，向上社交并不难

很多人不敢与权威人士打交道，于是错过了很多的机会。他们见了领导总想绕道走，甚至想地上如果有个大的地洞该多好，可以钻进去。

事实上，主动和别人打招呼是大部分领导者共有的特征。如果你有机会参加大规模的会议，不妨仔细观察那些游走会场、到处向人打招呼、到处向陌生人自我介绍的人，他们都是举足轻重的人物。

那些走到你面前说"我是××，请多指教"的人，都是现在或未来的大人物。你仔细思量、细心观察，将会发现他们之所以成功，就是因为他们愿意主动并且热心地结交朋友。

有些人这样解释这种行为："我或许对他并不重要。但是，他对我非常重要，所以我必须主动接近他。"

17岁的时候比尔·克林顿遇到了肯尼迪总统，在肯尼迪总统的影响下加入了美国上层的政治圈子，后来决定从政。克林顿在没有加入肯尼迪总统的圈子之前读音乐系，是吹萨克斯管的，加入一个政治家的圈子，结果使克林顿做了8年的总统。要瞄准更高的上层，才能有更大的作为。

社会学上有一个很流行的概念"社会资本"，所谓社会资本，就是把社会关系资源加以运用，以提高生存和发展的能力。

富豪们之所以要打高尔夫，并不是花几百元打了一局，人就可以更放松、更休闲，而是因为那里常常是个俱乐部，富人的俱乐部，处在那个圈子里，有更多的信息可以沟通，更多的感情可以联络。醉翁之意不在酒啊！

和比自己弱的人混在一起，能让自己成长吗？那些被你碾压的人，能教你多少赚钱的方法、为人处世的技能呢？可能你会觉得被别人碾压是一种很不爽的事情，他们能俯视你，一眼看穿你，让你没有尊严！

但是，跑到比你强大50倍甚或100倍的人面前，跟他交流，受他碾压，然后被他一顿摧残，这样你才会强大。每一次被摧残，每一次遇到顶级的强者，都能让你有巨大的收获。你应该庆幸，自己碰到了一个智者，能从这个人身上学到更多的东西！跟比你能量高的人做朋友，跟比你能量低的人做生意！想要成长，就要往上看，走出舒适区。

要想成长，就必须找到比你更强大的人，被他们碾压，被他们击碎，重新黏合在一起之后，你就完成了一次重生！

人生的三种社交境界是向上社交、向下兼容、向内安放。

向上社交大致要经历以下三个步骤。

筛选

把与自己的生活范围有直接关系和间接关系的人记在一个本子上，把与自己没有什么关系的记在另一个本子上。这就像是打扑克中的"埋底牌"，把有用的留在手上，把无用的埋下去。

排队

要对自己认识的人进行分析，列出哪些人是最重要的、哪些人是比较重要的，根据自己的需要排队。这就像打扑克中要"理牌"一样，明白自己手里有几张主牌、几张副牌，哪些牌最有力量，可以用来夺分保底，哪些牌只可以用来应付场面。

对关系进行分类

去参与一切可能会拓展圈子、提升平台的活动，去发现一切可能会发展向上社交的机会。这些可能是日常的工作场合、团建活动；可能是一次深造培训、一顿工作餐；可能是普通的人情往来、同城的读书会、球类俱乐部……

适时对各种关系的功能和作用进行分析、鉴别，把它们编织到自己的关系网之中。即使各种关系对你所起的作用不同，但对你都可能是至关重要的。对你身边的人进行梳理之后，你自然就会明白，哪些关系需要重点维系和保护，哪些只需要保持一般的联系和关照，从而合理安排自己的精力和时间。

◆ 主动认识好兄长，比苦干十年强

一个人要想成就一番大事业，光靠自己的力量是不够的，在力量不够大时，还要善于借助贵人的力量。从成功须借助外力的角度看，人生至少要找一位贵人相助。个人的努力像爬楼梯一样，要脚踏实地，而这种贵人的出现，就相当于乘上电梯。

在韩国有这样一个小伙子：他曾受到过良好的教育，但家境贫寒。在他二十多岁的时候，遇到了人生第一次重要的机会。当时他可以选择去美国当外交官，也可以选择去印度。去美国自然风光无限，但是消费水平高，而他需要挣钱补贴家用，所以他选择去了印度。

虽然目的地不是太称心，但这个小伙子到任后很快以自己的才气引起了韩国驻印度总领事卢信永的注意。卢信永发现这个小伙子谈吐不俗、思路缜密、办事沉稳，很多棘手的问题到了他手里都会迎刃而解。

卢信永非常看好这个小伙子，并牢牢地把他记在自己的脑海里。当然，在这个过程中，小伙子也意识到了一个问题：卢信永表面冷漠、内心热情，更可贵的是他有极其丰富的外交经验，并乐于向自己传授。

所以，这个小伙子更加谦虚地向卢信永取经，也更加卖力地四处奔波，把领事馆的各项事务打理得井井有条。后来，卢信永担任了韩国国务总理，他首先想到的是十几年前在印度一起共事过的那个小伙子，立即把他推荐到总理府工作，后来更是破格提拔他担任了总理礼宾秘书、理事官。

小伙子的职务像坐了直升机一样，以至于他不得不为自己跑得太快而向自己的前辈、亲友和同事写信道歉："我晋升太快，很抱歉！"不过道歉归道歉，他依然继续高升，虽然也经历了一些坎坷，但他最后还是成为联合国秘书长，他就是潘基文。

上面的案例中，卢信永就是潘基文一生中的贵人，如果没有卢信永这个伯乐，潘基文这匹千里马或许就会被埋没。但是，在这个过程中，潘基文并非被动地等待被发现，而是靠自己的实力积极主动地去争取让贵人发现自己。

生活中，贵人有很多种，在生活中挂念你、关心你、照顾你的是你的贵人，如你的父母、妻子；在你刚刚踏上工作岗位时，给你指点迷津的是你的贵人，如你的亲戚、朋友们；在事业上扶持你、帮助你、提携你的是你的贵人，如你的同事、上司；在人生旅途上引导你、鞭策你甚至为难你的，都有可能是你的贵人，如你的榜样、对手等。

贵人无处不在，离你并不远。

✦ 当你变得强大时，才会发现身边都是好人

即使你从名校毕业，家庭背景极好，如果内心不够强大，遇到一点挫折就打退堂鼓，那么，你也不会有什么成就。所谓强大，是任何事物都无法破坏你内心的平和。如果我足够强大，无论他们怎么说我、理不理我，如果我皱一下眉头，都算我输。

当莫言开始写作时，很多人对他并不看好，甚至当面嘲笑他。后来，他凭借《红高粱》震惊文坛，每次行业聚会，很多人围在他身边，要么称赞他的写作技巧，要么称赞他的故事讲述能力。

沈从文也有类似的经历，他刚开始写作时，给《晨报副刊》投稿，主编将他的稿件用糨糊黏在一起，全部扔进了废纸篓。几年后，沈从文的作品越来越出色，他还被聘为国立青岛大学的讲师。这时，曾经嘲笑他的人都非常客气地对待他。

当你弱小时，坏人很多；当你变得强大时，你会发现身边都是好人。

项羽打仗没得说，他服谁？但是他战胜不了自己，最后也只落了个悲惨结局。曹操一辈子多次死里逃生，被诸葛亮算计，被周瑜算计，结果呢？刘备爱哭，曹操爱笑。刘备善以哭感动于人、取得人心；而曹操却截然不同，他善用"笑"。无论是在赤壁之败还是在火烧濮阳的时候，

他都谈笑风生。就连在败走华容道、身处险境时，他竟然也大笑了三次。你打败了我，我一笑而过。别人打败了我，但是我战胜了我自己。

曹操曾经荫庇过刘备，知道他是世之枭雄，所以与他惺惺相惜，反之刘备在曹操最风光的时候也不见得承认曹操是个了不起的人物。后来曹操又收留过关羽，即使后来关羽不告而别，他也没有恼羞成怒，杀之而后快。他反而爽朗一笑，虽万般不舍，竟也慷慨放人。

无论遇到什么困难，或者自己做了多么愚蠢的事情，曹操都不会放在心上，都能付之一笑。曹操也哭，但他是在朋友去世、战友去世、亲人去世的时候哭；反而曹操在做错了事情、打了败仗、遭人羞辱时，他绝对是在笑！这有什么？没什么大不了的。

不喜欢你的人，你变得再漂亮、穿得再华丽，他还是不喜欢你。看不起你的人，你变得再优秀，他还是看不起你。你并没有别人口中所说的那么差劲，你不通八国语言，也不美若天仙，但你有一颗热爱生活的心，你的世界不需要别人指指点点。

你需要的只是内心强大。

✦ 主动麻烦领导，你才能得到更多的资源

你和别人级别相当，为什么别人一开口就能从领导那里获取资源或支持，而你总是碰壁。为什么别人的项目领导总是爽快地批下来，但你的项目领导就是不批？人们都说会哭的孩子有奶喝。在职场上，要做好向上管理，最重要的就是要学会向你的上司争取资源。

小清在公司里一直兢兢业业、认真负责。同事小林对工作满不在乎，工作上经常出错，但是他常向上司报告情况，总结问题，讨论解决方案，临近结项时，还提出要奖金。

而小清默默地做好自己的事情，所有困难自己克服，他觉得上司一定是公平的，谁更认真努力老板一定会看在眼里。

小清做事勤勤恳恳、踏踏实实，遇到问题自己解决，不出天大的篓子不会麻烦领导。而小林不同，他向领导早请示、晚汇报，天天提醒上司自己干了什么，天天瞄准机会就向领导要人、要资源、要机会，升职的时候，谁会想到从不发声的小清？会提要求的小林自然会上位。

很多人认为资源都在领导手里，我们没有影响他们的余地。但事实是，如果我们想为项目或者自己争取资源，最好不要在私下打听，有些情况或许放在明面上了解会来得更坦荡、更有效。比如你想知道

能为项目争取多少资源，不妨主动找领导问问他对项目的看法，这既表现了你对工作的负责，又能巧妙地了解领导对项目的重视程度；如果你们相谈甚欢，你也可以顺便多问一句："在这个项目上，您认为最重要的事情是什么？我们现在人手太紧，如果要在某日前做完肯定可以，不过公司能否帮忙再抽调几个人？"

向上级争取资源，一定要正式沟通，有理有据。"我初步估算了一下，本次新产品设计需要完成12个界面设计（包括7个功能点），目前最大的挑战是评审资源，所以需要您和其他领导的评审资源，按照一次评审3个界面，每次评审会45分钟，我们至少需要开四次评审会（合计180分钟），您看能否把评审日期敲定下来，这样我们就可以及时拿到评审结果，快速调整设计方案。"

其实，领导是希望你把事情做好的。你做好了他脸上也有光，你的业绩也是他的业绩。

但这里的麻烦不是添乱，不是有点问题就去找领导解决。有些资源你明明是可以自己协调的，偏偏去找领导解决，别的同事会怎么看？这不是给领导添堵吗？

第三章

破冰主动一步，站高一位

人都有惰性、怯性，都习惯于待在自己的舒适区里，而疏于主动结交朋友，也很少主动与朋友们联系。每个人都渴望扩大社交圈，却吝于先给予、先付出，先主动伸出友谊之手。不主动张口，不主动亲近，不主动关怀，不主动结交，只等待"别人来发掘我的优点"，那么，你的人际关系就很难有突破！

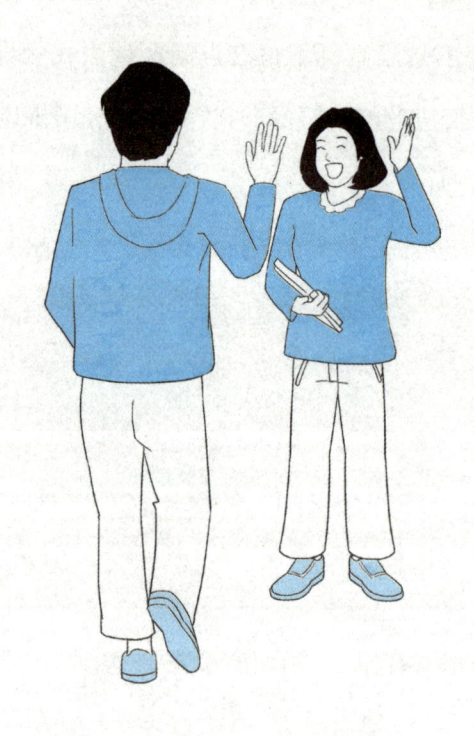

✦ 想交朋友，先改变"宅"属性

"宅"字本意是家的意思，如果一个人长期待在家里，不出去走动、与人交流，这在现今的社会文化里也被称作"宅"，意思就是指整天窝在家里，沉浸在各种剧、朋友圈中，或者上网玩游戏、看书，做喜欢的事情，就是不喜欢出门，不爱与人正面打交道。

举个身边常见的现象：一些年轻人周末基本上不外出，即使在街上碰到熟人，也只是微笑打招呼，多说一句话都会感到浑身不自在。

曾有新闻报道称：一个女子竟然在家里"宅"了20年。她在大学毕业后，一直不能融入社会，而且找工作时多次碰壁，常常受到嘲笑，后来她越发害怕与人交流、相处，任何可能的人际关系都会让她压力倍增。于是，为了不再忍受社交恐惧带来的痛苦折磨，她干脆不再出门。从此，她总是把自己关在房间里，只有吃饭的时候才会与父母进行简单的交流。

因为没有工作，女子只好在家里帮助母亲料理家务，就这样20年的时间过去了，她由一个青春少女，变成一个没结婚的中年女人。

直到她的父亲去世后，她才猛然醒悟，原来自己已经有这么长时间没有走出过家门。于是，40多岁的女子鼓起勇气，第一次走出了家门，找到了人生的第一份工作，拿到了第一份收入，她喜极而泣，庆幸自己还能恢复正常生活。

生活中，宅男宅女不计其数，他们有的是因为受到过侮辱，有的是因为受到过某种打击，有的是自己主动"宅"起来等。无论何种原因，他们"宅"的核心只有一个：害怕与人接触、交流。而这种害怕是一种恶性循环，越害怕越"宅"，越"宅"越害怕。

人际交往在常人眼中是生活多姿多彩的体现，而在社交恐惧的"宅族"心目中，则代表着尴尬、出丑、嘲笑、批评等不良人际关系，甚至人格上的湮灭。即便他们还没有真正地接触这个社会，单凭想象就足以被吓坏了。更可悲的是，社交恐惧在开始阶段几乎不会为人所理解，这更加剧了他们的孤独心理。

美国前总统罗斯福曾经在美国20世纪30年代经济大萧条时说："害怕，是我们唯一应该害怕的东西。"如果我们恐惧社交、害怕出门，我们要做的是：直面恐惧，真真正正地跟别人交流一番，看看自己到底是什么感觉，真的会痛不欲生吗？相信一定不会是这种感觉，人都是有血有肉的感情动物，只要我们用心去交流，社交远没有想象中那么可怕，反而能够击碎之前的所有顾虑，成为一件让人开心、快乐的事情。只有真正实践、审视现实才能消除社交恐惧。

因为不想出门，也不想参与社交或者聚会，我们总是会下意识地找借口拒绝别人的邀约。如果下次再有这样的邀约，就不要拒绝了吧。

不用太担心自己没办法融入，就算在聚会上不跟别人社交，也能看看其他人是怎么搭讪和交流的。至少我们在"脱单"之前，先从"宅"里走出来。

饭局上结交人脉，加对方微信的高情商话术

我们在参加饭局时，为了结交人脉，自然免不了添加客人的微信。可若是直接提出添加对方微信的请求，难免会显得唐突，而想要顺利得到对方的联系方式，时机和话术缺一不可。

阿志在饭局上见到了一位自己行业的大咖，想要和对方结识一下，便径直走过去说道："您好，能加一下您的微信吗？"对方顿时眉头紧锁，还好身边的人及时解围，解释说："这是小志，也是做地产的，你们是同行，以后可以多交流交流。"虽然当时阿志扫了对方的微信，事后他却发现对方迟迟没有通过，这让他有些无奈。

在饭局中，熟人之间互加微信是一件很正常的事情，可当对方与我们不熟悉时，我们若想顺利添加对方的微信，就要格外注意自己的言行，万不可唐突了对方。

一般来说，双方共同的朋友会为我们牵线搭桥，让我们互相认识一下，但此时不宜直接提出添加微信的请求，而是要寻找一个合适的时机。最好是在酒过三巡、菜过五味之后，饭局气氛较为热烈之时，再提出自己的请求。而在此之前，我们要多多与对方沟通，向对方敬酒，

初步拉近双方的关系，以降低对方对互留联系方式的抵触。

添加微信的理由

当时机成熟时，我们就要找一个添加对方微信的合理理由。比如请教，我们可以说："刚才听您说的这一番话，觉得您的见解特别独到，以后有机会还得向您多多请教，方便加您的微信吗？"又或者是合作，我们可以说："您看咱们是同行，以后可能会有合作的机会，您看能不能加个微信，方便以后沟通？"如果对方是领导，我们就可以说："今天很荣幸能有这次机会与您相识，方便加您的微信吗？以后请您多多指教，我也能随时听从您的指示。"

添加微信的方法

当对方同意我们的请求后，我们要主动去添加对方的账号，以示尊重。通常来讲，在添加微信时，都是晚辈扫长辈、员工扫领导、主人扫客人、男士扫女士。我们在添加对方时，要在验证信息中将自己的信息填完整，然后再告知对方。当微信好友申请通过后，我们要在第一时间给对方发送自己的信息，主要包括姓名、职务或职业、联系方式等。我们可以说："您好，我是刚才加您的李明，这是我的手机号，以后您有什么用得着我的地方，尽管吩咐。"

添加微信后的操作

此刻，我们已经顺利达成了添加对方微信的目的，但千万不要忽略后续的联系事宜，切不可像有些人一样，在添加完微信后平时一句话也不和对方说。我们要分别在添加微信后的第二天、第二周和第二个月与对方联系，理由可以是请教对方问题，总之不要轻易断了联系。此外，我们还要偶尔给对方的朋友圈点个赞，刷一下存在感，这样我们才能真正将对方化为自己的人脉。

✦ 初次见面，如何给对方留下好印象

通常而言，我们与陌生人打交道时，因为双方不熟悉，所以会保持较高的戒心。这是正常现象，同时也是一种初次社交障碍。尤其是很多人因为性格内向，所以容易紧张，初次见面时不知道从何说起，常常会出现冷场的窘迫局面。这不仅让对方尴尬，自己也无所适从。

想要说好第一句话，开口就给对方留下一个好印象，关键在于你的话是否能够引起对方的兴趣，让对方在听完你说的第一句话之后，还有继续交谈的意愿。

比如说，你在寒冷的冬天与一位陌生人见面，对方可能会以"今天真冷！"为开场白。这句话虽然没有错，也能够引出一些话题，但是它太普通，引出来的对话可能对双方可有可无，并没有实际意义。你需要避免你的回应使对方失去交谈兴趣，使话题终止。

如果你回答说："北方的冬天实在太冷了，我从小在南方长大，对这种天气实在难以适应。不过为了能够看到下雪的浪漫，再冷我也要待在这里。"

如果对方同样是在南方长大的，这句话就会引起他的共鸣。一旦开启雪和气候的话题，你们可以聊上"三天三夜"。如果听者是北方人，听到你喜欢北方的雪，内心就会生出一种自豪感。同时，他可能还会出于对你生活环境的好奇，抛出各种话题。

在你来我往之间，你们就可以将话题越聊越深入。你就可以拥有更多的机会，将话题的方向不经意间转移到你的目的上。

有时候将自我介绍与开场白恰当地结合，既不会让人觉得牵强，又能够让对方在第一时间对你有一个初步的了解，从而产生亲切感，愿意继续和你深入地聊下去。当然，除此之外，与陌生人初次见面时，你还可以将下面几个方法结合到你的回应中，形成一个比较好的交谈场面。

当陌生人主动找我们聊天时，我们应该如何回应呢？

攀认关系

和陌生人初次见面，恰好你身边有他认识的人或者是他身边有你认识的人，第一句话就可以聊你们的关系。比如，赤壁之战的时候，鲁肃去见诸葛亮，开口的第一句话就是："吾，子瑜友也。"这里的子瑜是诸葛亮的哥哥诸葛瑾，同时也是鲁肃的挚友，鲁肃开口第一句话就搭建起了与诸葛亮之间的关系桥梁。

你在与陌生人交谈的时候，第一句话也可以从"关系"下手，快速拉近彼此的距离，让对方放下戒心。同时，在攀关系的时候，你要注意，这个关系不能太远，必须是对方熟悉并且直接接触的人，这样才能取得更好的效果。

赞美对方

对于初次见面的人表示敬重仰慕，既肯定了对方的成就，又能表达自己的热情。比如说，对方是一位讲师，你可以说："我听过您很多次演讲，受益匪浅，今天能够在这里和您见面，真是太荣幸了。"

说话的时候，要注意分寸，不要过度吹捧，说一些类似"久仰大名""如雷贯耳"等比较虚的话，这样只会显得你过于谄媚。同时，这很容易让对方产生戒心，认为你是想要从他那里得到好处。

保持温和有礼

我们在与人交谈的时候，要十分注意礼貌，向对方问候、致意时，通常要用敬语，比如将"你"换成"您"，多用"请""麻烦""劳驾"等词语。即使你相貌平平，也能够凭借这一点在对方心中留下一个温和有礼的印象。

同时，在与陌生人见面时，你还要多观察，从对方的神态、动作、衣着等方面判断他的心情，选择最适合的回应方式，拉近彼此的距离，让聊天变得更加顺利。

适时展露才华，你的机会就会比别人多一倍

《哈佛家训》一书中有这样一句话："智慧无法伪装，一个人的智慧必须通过实践表现出来。"有时候，一些人之所以会怀才不遇，正是因为他们不懂得在适时的时候亮出自己的成绩。

比琳达·拉曼在美国一家设计公司从事企业标志设计，她时常会从自己的设计中获得满足与自我肯定。但是因为拉曼是一个偏内向的人，因此在老板面前，她并不愿意主动显露自己的特长与才华，更不会努力去争取自己感兴趣的东西。她只希望老板有朝一日能够看到她勤奋工作的样子。

然而正因为她的这种内敛性格，以至于公司每次为客户提供的设计方案取得成功时，老板总会认为，这是整个企业设计部努力的结果，丝毫没有注意到比琳达·拉曼在总体设计中所起到的作用。就这样，比琳达·拉曼拿着与其他人相同的薪金，却干着超出旁人几倍压力与辛劳的工作，她感到了一种失落与不公。

情绪愤慨之下，比琳达·拉曼向老板提出了辞职。在老板询问她原因的时候，她心中积压了好久的不平终于倾泻而出，她将自己的能力、才华和自己对公司所作出的贡献向老板和盘托出。老板这个时候

才发现了拉曼的才华，后来，老板不但以高薪挽留住了比琳达·拉曼，还在两个月后正式让比琳达·拉曼晋升了，让比琳达·拉曼终于能够心甘情愿地留在公司了。

如今，在这个人才济济的社会里，等待他人来发掘自己，显然有些不切实际。很多时候，机会往往就握在我们自己手中，只要主动一点，成功就会来临。

例如，在职场中，当我们完成工作任务向上级汇报的时候，如果有自己独特的想法，而且有能力证明这种想法是合理的、能够成功的，那么就应当在领导面前表现出来，让领导看到我们的真实能力。如果我们只是像老黄牛一样埋头苦干，从不知道表现自己、推销自己，那么就很难得到领导的认同和重视。

一味被动地等待他人发现实在是一种愚蠢的做法，因为老板每天不知有多少事情要考虑、多少关系要处理，怎么有时间从那么多下属中发掘人才呢？若是下属只有几个人，老板还能搞清楚每个员工的表现，若是多达几十、几百，乃至上千甚至上万，你默默做事，被发现的机会就会微乎其微。他们通常更喜欢送到跟前的现成的人才。

别总抱着"是金子总有一天会发光"的思想度日，倘若没有人来掘金，你的成功之日就指不定是猴年马月了。在竞争激烈的职场，那种"默默做事，就会有人看到"的想法是不可取的。

如果你不想成为自己事业成功的"被动者"，那么就应该努力在工作上展现你的优秀业绩，让领导看到你的优异。当然，这并不是说我们凡是取得一点成绩都要汇报，而是要学会适时地表现自己的能力与才华，这样才能让领导记忆深刻。

✦ 摆脱自卑，展现自信的形象

在人际交往中，展现出积极自信的形象至关重要。自信是一种气场，给人以有力量、有能力、有尊严的感觉，能让我们更好地与他人建立联系、拓展人脉。

安妮是哈佛大学法学系的学生，来自美国南部的农场。刚进哈佛大学时，她非常高兴而且很自豪。但是兴奋劲还没过，她对自己的感觉忽然越来越糟糕了。

原来，尽管安妮在当地是以第一的成绩考入哈佛大学的，但是来到哈佛大学后，安妮发现自己原来不过是众多优秀学生当中的一名，毫无优势可言。而且随着课程的深入，她发现自己上课听讲的理解根本无法跟上导师的速度。又因为来自乡下，安妮对大家知道的很多事都一无所知。在哈佛大学读了半年书后，她渐渐开始后悔来到哈佛大学，她认为如果在家乡，可没有人瞧不起她。

后来，安妮找到心理医生进行咨询。心理医生告诉安妮，如果她想更好地适应新环境，那么就应当多和自己比，首先就要将自卑心理排除。接下来，心理医生开始帮助安妮采取具体行动，理清学习中的具体困难，并制订相应的学习计划。同时，心理医生让安妮多参与哈佛大学组织的一些课外活动，在这些活动中，安妮结交了很多知心朋友。

更重要的是，安妮在和他人的接触过程中，开始重新感到自信心在增长，感觉到自己原本就是哈佛大学的一分子。

每个人都在自己心目中塑造了一个理想的、完美的自我形象，越是希望向"他"靠拢，越是发现理想与现实的差距，于是滋生出不满、失望和悲观情绪。事实上，当我们比上不足时，会有压力，这是正常的，然而我们何不把这种压力当成对自己的一次挑战呢？

英国著名作家毛姆的代表作《人性的枷锁》的主人公菲利浦是个成功的艺术形象。如果我们用奥地利著名心理学家阿德勒的理论透析这个形象，会发现"补偿机制"和"自卑情节"在他的身上都有明显的表现。这是一个战胜了人性的弱点和自卑的斗士，他的生活在更广泛的意义上对一切人都是有教益的。

其实，我们身上同样有他人所需要学习的优点，只是有时候我们放大了自己的弱点，夸大了他人的优点。当我们在为自身的一些缺点而懊恼不已时，别人或许正在羡慕我们身上所具备的优点呢。

阿德勒在《自卑与超越》一书中曾提及，人类的所有行为都是出自自卑感及对于自卑感的克服和超越。阿德勒认为，自卑感存在于每个人的身上，只是程度不同而已。他说："因为我们都发现我们自己所处的地位是我们希望加以改进的，人类欲求的这种改进是无止境的，因为人类的需要是无止境的。所以人类不可能超越宇宙的博大与永恒，也无法挣脱自然法则的制约，也许这就是人类自卑的最终根源。"

确实，作为人性的弱点之一，自卑存在于每个人的内心深处，它是人的生命进程中难以回避的情感症结。长期被自卑情绪笼罩的人，一方面感到自己处处不如人，一方面又害怕别人瞧不起自己，逐渐会形成敏感多疑、多愁善感、胆小孤僻等不良的性格特征。因为他们自认是弱者，所以无意争取成功，于是被动服从并尽力逃避责任，这样一来自卑心理必然会加重。

那么，我们应该如何打破自卑的枷锁呢？首先，我们应该客观全面地看待事物，不要对自己作出片面的、不正确的认识。其次，多看到自己的长处和潜力，而不是枉自嗟叹。最后，面对外界的消极暗示，我们应当多从正面去考虑，正确对待自身缺点，并且努力改正。

自卑是与人交往的最大障碍，如果我们能正确对待自身的缺点、敢于表现自己，就能赢得别人的信任和喜欢。

✦ 适当暴露弱点，更受欢迎

当你向人们承认自己的短处和弱点时，人们会信以为真，并立即接受你；相反，人们对"王婆卖瓜，自卖自夸"式的宣传常常持怀疑态度，这种方式还容易招人反感。

实际上，每个人的潜意识里都有一种好胜的心态。如果你能够懂得用示弱的态度去与他们相处，那么你就一定能够解除别人对你的戒备，赢得信任。

曾有记者去拜访一位著名的政治家，因为对方的地位很高，记者非常紧张。

这时，秘书将咖啡端上桌来，这位政治家端起咖啡喝了一口，随着一声"好烫！"，咖啡杯也随之滚落在地上。

秘书闻声来收拾，刚收拾好，政治家又把香烟拿反了。记者小心提醒："先生，您的香烟拿倒了。"

政治家听到这话之后，慌忙将香烟拿正，不料却将烟灰缸碰翻在地。

政治家一连串的洋相使记者大感意外，不知不觉中，原来的紧张情绪消失了，对对方也产生了一种亲近感。

不怕暴露自己不足之处的人，对自己有着深刻的认知，并能因此而获得他人的理解与尊重。

但对于许多企业领导者来说，做到这一点十分困难。他们通常认为，如果自己的下属了解自己的弱点或劣势，就会轻易地向自己发起挑战，从而使自己丧失权威。但事实恰好相反。调查表明，员工并不像领导者想象的那样总是盯住上司的缺点，他们深知每一个人都会有不足，即使领导者也不例外。

事实上，绝大多数成功的领导者之所以受人拥戴，原因就是人们曾看到他最脆弱的时刻。因此，你完全没有必要刻意隐藏自己的弱点，而应该向员工展露完整的你，让他们能全面地认识和了解你，这丝毫不会影响你的权威，反而会增强他们对你的信任。

稻盛和夫是一位非常有个人魅力的企业家。他能把自己的施政纲领向员工们慷慨陈词，也敢于大胆披露自己以前的"隐私"和"缺点"。这种自我揭短的行为曾一度让员工们津津乐道。

比如，他说："战后的混乱时期，我曾胆战心惊地从木材商店偷窃过木材。""在创业初期，我因为偷税逃税而被税务局批评警告。"

正是他这种勇于解剖自己的胆识，才使得员工们产生了"总裁也不是一个完人，也和我们一样经常犯错误"的亲近感。这种感觉潜移默化地增进了上下级之间的心理融合度。也正是在这种劳资关系的催化下，京都陶瓷公司上下同心同德，出现了蓬勃发展的趋势。

敢于自我揭短，提高透明度以拉近与职员的心理距离，以坦荡的胸怀面对员工，可以赢得员工的信赖，使企业内部更加融洽。

一个组织是不是能够团结，关键在于平等。其实领导手中握有一定的权力，在面对下属的时候是很不容易在权力和感情之中寻找到平衡的，一不留神就会被人认为是恃强凌弱、仗势欺人。因此，一个成熟的领导是懂得淡化自己的权力的，甚至在必要的时候，会主动向下属示弱，以达到和下属和平共处的目的。

　　有一点需要注意，领导者在袒露自己的弱点时必须非常小心，要有所选择，永远不要暴露致命的缺点，而是显露一个或少数几个无关紧要的弱点，或者挑选从某种意义上可被认为是优点的弱点。不然，这很难保证不会授人以柄，给自己日后的管理工作带来潜在的麻烦甚至威胁。

✦ 请对方帮个小忙，关系是麻烦出来的

有人说，好的关系是麻烦出来的。《礼记·曲礼上》中有："礼尚往来。往而不来，非礼也；来而不往，亦非礼也。"好的关系从来不是单向的，而是互动的。

18世纪，美国博学者和政治家本杰明·富兰克林有一次很想获得宾夕法尼亚州立法院一个议员的合作，但这个议员并不那么"好说话"。富兰克林是怎么解决这个问题的呢？

富兰克林之前已经打听到这个议员的私人藏书中有一本绝版图书，于是就询问议员是否能把那本书借给他看两天。议员同意了，接下来发生的事正如富兰克林所描写的："当我们再次见面时，他对我说话了，而且很有礼貌。后来，他还向我表明他随时愿意为我效劳。"

富兰克林把他借书所带来的成功归结为一条简单的原则："曾经帮过你一次忙的人，会比那些你帮助过的人更愿意再帮你一次。"

在人际交往中，你可以通过扮演一个需要帮助、需要教导的角色，拉近与双方的关系，彼此建立信任和依赖。举个例子，想要和别人建立联系，给对方的朋友圈点赞、评论，都不如借对方一支笔、一本书更有效。为什么？因为真正的情感，是需要彼此在真实的生活中有互动才能逐

渐加深的，点赞和评论没有温度，而借一支笔、一本书才是链接。

20世纪60年代，心理学家琼·杰克和戴维·兰迪做了一个实验。在这个实验中，他们先安排参与者赢了一些钱，等参与者们离开实验室之后，其中一个研究者追上了赢钱的几个参与者，请他们帮一个忙。这位研究者解释说，其实做这个实验是花的他的钱，能否请他们将赢得的钱退还给他。

然后，第二组参与者则被另一个研究者追上搭话，这个研究者是心理学系的秘书，他向参与者们提出了同样的要求，只不过这一次他的说法是，这是由心理学系赞助的实验，现在系里资金短缺，所以能否请他们把钱退还回来。

过后，两个研究者请参与者给他们打分，表明对他们的喜爱程度。结果和富兰克林、托尔斯泰预言的一样，提供帮助的参与者打的分数明显高一些。

一般说来，人们都很乐意帮助别人，可是唯有在感觉到"这样做很值得，而且你也会很感激"时才会继续下去。另外，适时的示弱不仅可以使他人减少乃至消除对你的不满或嫉妒，而且也可以使别人放松对你的警惕，能使处境不如你的人保持心理平衡，更有利于你接触他人。

所以，当我们与他人接触和交往时，如若能够适时示弱，请求对方帮个小忙，那么定然能够顺利地与对方接触，并且赢得对方的信任，让对方更乐意为我们排忧解难。

记住别人的名字，
是获得好感的理想方式

名字是一个人在社会上的名片，是社交场合中别人认知他的第一个具体符号。当你与人交往时，能够在见面的一瞬间就准确地叫出对方的名字，就会给对方传递一个善意的信号：我记得你，也很在意你，所以记住了你的名字。

比如说，你走在热闹的街上，一个多年没见的朋友只是远远瞥见了你，就能准确地叫出你的名字，你是不是会很高兴？或者是一个工作上只合作过一次的人，再次见面就能够准确叫出你的头衔，你是不是就会对他留下好印象？情商高的人，在与人打交道时，通常都可以准确地叫出对方的名字，给对方留下一个好印象。

美国前总统罗斯福曾有一个得力的左右手，名叫吉姆。吉姆能准确叫出五万个人的名字，非常厉害。

吉姆年轻的时候，曾在一家石膏企业工作。他在工作中需要和很多人打交道。为了展开工作，他自创了一套记忆姓名的方法。每当他遇到一个陌生人，会礼貌地打探清楚对方的姓名、工作等各种资料，并将其牢牢地记在脑海中。凭借这种方法，吉姆交了很多朋友。

后来，吉姆成了罗斯福的助手，为了帮助罗斯福获胜，他跋涉了

12000里为其拉票。每到一个州，他就与人聚餐，并且亲切地与他们交谈。

为期19天的访问结束了，吉姆回去之后，立刻给这些日子里见过的每一个人写信，让他们将亲友名单寄给他。

如此一来，吉姆认识的人越来越多。他每天甚至要写800封信，但是，在每封信中，他能准确地叫出对方的名字，以及干什么工作。在信的最后，他会请求对方支持罗斯福。吉姆的这项本领是罗斯福最终成功上位的原因之一。

心理学家研究发现："每个人在内心深处都渴望被别人在乎、关注和尊重。"在社交场合，能表示出你关注和尊重他人的最明显的事情，就是叫对他人的名字。比如说，当你要和客户谈项目时，连客户的名字都不知道，又该怎么进行接下来的谈判呢？尤其是在对方已经提前告知了自己名字的情况下，如果你还不能够准确地称呼对方，那就不是失礼，而是在侮辱人了。

事实上，能够"准确叫出对方的名字"，在各个领域都能派上用场。欧美人在与人交谈时，就常常带着对方的名字。比如，在好莱坞的各种电影里，我们总会发现这样的台词："嘿，汤姆，我的小伙伴儿。""嗨，彼得，你今天没吃早饭吗？"……

也许这样的说话方式听上去很别扭，但就是在这一声声"直呼其名"中，双方的关系变得亲密了，彼此的距离被拉近，宛如双方早已相交多年。

被人们称为"世界上最伟大的销售员"的乔·吉拉德就曾经说过，"世界上最美妙的声音是什么"，是"听到自己的名字从别人的口中说出来"。然而，在生活中很多人不习惯或者不喜欢记别人的名字，认为没那个必要，自己只要记得这个人就行。殊不知，你连作为对方最重要的名片的名字都记不住，又如何向别人证明，你记住了他这个人呢？

有一次，某知名电器公司的董事长打算请代理商和经销商吃饭，为了避免在席间冷场，董事长私下让秘书按照每位来宾的座位把他们的名字依次记下，交给他。

拿到名单后，董事长连夜赶工，背下了所有人的身份和信息。等到了饭桌上，每当董事长和这些老板们交谈时，总是能随口叫出他们的名字，并且准确无比。这些老板非常惊讶，觉得这个公司很重视与他们的合作，十分感动。在之后的合作中，他们也更卖力。

作为社会的一员，我们每个人都不是孤立存在的，都与他人有着紧密的联系。而起到联系作用的，正是一个人的名字和他的社会职务及身份。换言之，名字和头衔就是我们在社会上的象征和化身。因此，记住它们就是对一个人最大的尊重和认可，是拉近双方关系的利器。

很多人之所以容易忘记别人的名字，完全是因为对这一点不够重视，在别人做自我介绍的时候走神。当然，如果你的记忆力确实不佳，那么在事后就很有必要用笔将对方的名字记下来，这样不但不会惹对方厌恶，还会让对方产生一种自豪感，因为你是真心实意想记住他的名字的。另外，为了防止以后遇到重名的人，除了名字，你最好把对方的基本情况如单位、性别、年龄等也记下来。这样，哪怕是多年过去了，我们依然会记得对方。

名如其人，记住别人的名字，就是给予对方最好的尊重。

✦ 敢于露脸，让更多人认识你

改变自己最快的方法，就是做你最害怕的事。想要变强大，必须出丑，出丑越多，成长越快。

在《三国演义》里，曹操出丑的次数特别多：赤壁遇周郎，华容道逢关羽，割须弃袍于潼关，夺船避箭于渭水，还有祢衡击鼓骂曹。但是最后呢？曹操变得更加强大，丞相之位也越坐越稳。

著名主持人窦文涛说，人要珍惜每一次当众出丑的机会。"我在初中时，老师让我参加演讲比赛，我写了演讲稿，也倒背如流了。我让家人说出任何一个自然段的头一个字，我立马就能把下面的文字背出来。上台的时候，底下黑压压的一片，我背了一段，就想第二段开头的字，背完了第二段，大脑一片空白，对着全校师生沉默了足有一分钟，全校师生就眼睁睁地看着我跑出校门。后来我回到学校，觉得旁边女生的笑声都是在笑我。

"我们老师对我说：'虽然你没有演讲完，在学校没有名次，但是你朗读的那两段挺好的，你不要紧张，能背下来肯定能得第一名，我推荐你去区里参加比赛。'我这次答应得比上次更痛快，好像觉得无所谓了，结果背下来真得了一个名次。从此之后我就有点变化了，反正已经丢脸了，还有什么好怕的？卸下这个负担后，我觉得自己还行，也能经常在这种场合露露脸。"

因为怕出丑而不敢表现自己,是这个世界上最愚蠢的选择。因为除了你自己,真的没多少人会在乎你的面子。

这又让我想起大学时的一位女同学,一位来自成都的姑娘。

她的英语是我见过的人里面最糟糕的,没有之一。她甚至不能用英语说一句完整的话。哪怕自我介绍,也是一半英语一半汉语。

课堂上,她没说几句,就引起了哄堂大笑。但是她敢说,别人笑她也笑,笑完她继续说。

没想到大二结束,她就过了四级,大四毕业,她通过了六级考试,又以英语高分考上了研究生。不要小看那个敢于出丑的人,他们潜藏的生命力之大令人不敢想象。

这个世界上最美的东西,其实不是一个人的面子,而是勇气。她的出丑让我们看到了她的勇气。

有的人为了不做蠢事,于是连事也不做了;为了避免失败,于是干脆拒绝尝试;为了不出丑,于是回避了一切可能。其实,事业做不好,再华丽的面子都是虚的,事实最有发言权。因此,你要放下顾虑,不怕要出丑,要大胆社交。

只有弱者才会害怕出丑,出丑只会让你越来越强大!未来的你会感谢今天无所畏惧的自己。

✦ 没人给你打电话，那就打出去

常有人抱怨说，自己手机通讯录中有那么多的联系人，却没有人给自己打电话。在抱怨之前，不妨问一下自己：我平时主动联系过别人吗？

小丽是一个非常有人缘的女生，在学校的时候，她身边有一大群朋友，哪怕在上班之后她也会在周末和朋友小聚一下。但结婚后，小丽的生活变得忙碌起来，白天上班，晚上下班做饭，周末还要做家务，生了宝宝之后，忙碌的生活再次升级。

慢慢地，小丽的朋友连续邀请她都不成功，甚至几个朋友结婚，小丽也没有应邀到场，大家也就把她排除出了聚会的圈子。即使不忙的时候，她也很少主动和朋友联络。

直到小丽的孩子上了幼儿园，她决定重新回到职场。她想起之前的同学有做HR的，她满怀期待地打电话过去。没想到，对方态度不冷不热，委婉地拒绝了她。

友谊不是一种自生自灭的现象，友谊需要维护，因为人和人在空间上的距离很可能会导致友谊的淡化。钱买不到友谊，而且友谊又很容易失去。所以想要维持与对方的友谊，就要不时地问候一声。

第四章

沟通秘籍，让你有备无患

社会关系是由一个个人际关系节点组成的，沟通是一个人进入社会的基本能力，也是现代人开拓事业的关键能力。良好的沟通能力有助于营造良好的人际关系，让你赢得别人的青睐，获得别人的帮助，为你赢得更多的机会和发展空间。

✦ 请人吃饭高情商说话技巧

在生活中，饭局应酬是一项常见的社交活动，但组织饭局没有想象中那么简单。想要让被请之人如期赴约，我们就要在邀约这件事上下一番功夫，让对方真真切切地感受到我们的诚意。

阿来想为儿子找一位钢琴老师，经过朋友的牵线搭桥，终于获得了对方的联系方式。阿来迫不及待地拨通了对方的电话："张老师，我是阿力的朋友，今天晚上有空吗？我想请您吃顿饭。"对方回答道："不好意思，晚上我还有事，改天吧。"阿来闻言只得作罢。可一连几天下来，对方一直不肯接受邀约，这让阿来百思不得其解。

很多人都会有这样的疑惑：吃饭本是一件好事，为何有些人总是连连推辞呢？其实，道理很简单，天下没有白吃的午餐。当我们毫无理由地邀请对方吃饭，对方心中难免会提高警惕，揣测我们的用意：究竟是想借钱？还是求自己办事？本着多一事不如少一事的原则，他们通常都会婉言拒绝。而想要消除对方的这种疑虑，我们在邀约时就要说清楚请客吃饭的理由。

我们在组织邀约理由时，要遵循一个原则，那就是让对方没有太大的心理压力。比如，得到了一瓶好酒，邀请对方一同品鉴；我们得到过对方的帮助，设宴答谢对方，又或者是生日、乔迁、升职的庆祝活动。不管彼此存在什么样的利益纠葛，我们邀约的出发点都要突显朋友情谊，淡化其他方面的因素。此外，我们在正式邀约时，要格外注意自己的措辞，要让对方感受到我们的诚意和尊重。

邀约时间

> 您这周三或周四晚上有时间吗？

当我们组织饭局时，一定要提前一至两天邀约，切不可在当天中午询问对方晚上有没有空，这样做一来过于唐突，对方毫无准备，大概率会拒绝邀约，二来会让对方感觉不被尊重。

同时，我们在邀约时，饭局具体时间的确定需要询问对方的意见，但不能说"您什么时候有空"这种太随意的话，而是要给对方选择。精准的时间会让我们更容易邀约到客人。

被拒后的反应

> 没关系，以后有时间，等您忙完，再邀您一起吃饭。那您先忙，如果有需要我的地方，您尽管开口，不要客气。

有时候，尽管我们做得已经尽善尽美了，可对方还是会推辞，那我们也不必气恼，而是要大方地回应对方的拒绝。而这种回应也会为我们下一次邀约对方创造机会。

被拒绝是正常的，我们要尽量展示出自己的诚意，一次邀约不成功就看准时机邀约第二次、第三次。但需要注意的是，如果三次都被拒绝的话，我们就不必再邀约对方，否则诚意就变成了冒犯。

✦ 幽默开场白，让你秒变社交达人

幽默的开场白是缩短人际距离的一条捷径，它的作用，是让听众在轻松愉快的气氛中自觉或不自觉地进入到角色中。幽默的开场白还可以为人们消除紧张、减轻压力、解脱窘境。如果我们能在交往中把握好、运用好幽默的开场白这张"名片"，一定会轻松地打开社交局面。

一名教授应邀给学生上课，当时正值多雨季节，教授只好冒雨出门。当他到达授课地点后，还是迟到了。教授推开教室的门，迎接他的是几十双清澈而明亮的眼睛，并且大家对他的到来报以热烈的掌声。

看到这些学生，教授甚至没顾得上整理头发、衣服上的雨水，便健步走上讲台，向学生鞠了一躬，说道："感谢同学们对我的欢迎。我是讲公共关系学的老师，但和老天爷的关系没处理好。瞧，他一点也不欢迎我……"

听到他这么有趣的开场白，同学们又报以热烈的掌声。

开场白的关键，是要给人留个好印象。就如所谓的"首因效应"，它在人们心目中一旦形成，就能定下对这个人认识的基调，成为双方以后交往的依据。初次见面，说话幽默得体，不但会给对方留下好印象，也会为彼此的交往打下良好的基础。

有一次，作家冯骥才应邀到美国做演讲。演讲即将开始，大厅里座无虚席、鸦雀无声。主持人向听众介绍说："冯先生不仅是作家，而且还是画家，以前还是职业运动员。"

开场介绍完毕，大厅里一片寂静，只等这位来自中国的作家开讲。这时，冯骥才也十分紧张，因为美国人参加这类活动是极其严肃认真的，必定是西装革履，穿着整整齐齐。他们对演讲者要求很高，演讲者必须口若悬河，机智敏锐，而且要幽默诙谐，否则他们就不买你的账，甚至会纷纷退场，让你下不了台。这台戏不好唱啊！

只见冯骥才沉默了片刻，当着大家的面，把西服上衣脱了下来，又把领带解了下来，最后竟然把毛背心也脱了下来。听众都愣了，不知他葫芦里卖的是什么药。不多久，冯骥才开口慢慢地说道："刚才主持人向诸位介绍了我是职业运动员出身，这倒引发了我的职业病。运动员临上场前都要脱衣服的，我今天要把会场当作篮球场，给诸位卖卖力气。"他独具一格的开场白，引得全场听众大笑，掌声雷动。

幽默的开场白会大大缩短人际交往的距离。好的开场白更能为接下来的沟通打下基础，达到"一鸣惊人"的效果，才能赢得对方的兴趣。

学会说幽默的开场白，你将变得更具吸引力。下面将为你解锁几种幽默开场，帮助你在社交场合中游刃有余，成为社交达人！

自嘲式幽默开场

> "我这个人太懒了，懒得连自我介绍都省了，你们就叫我懒羊羊吧！"

"我知道自己长得不好看,但我会努力逗你们开心,争取让你们忽略我的颜值。"

"今天的风是真大啊,不过,我真庆幸,再大的风也吹不跑我。"

自嘲是一种高级的幽默方式,通过调侃自己来拉近与他人的距离,不仅能展现出你的自信和风趣,还能迅速打破初次见面的拘谨。

结合热点式幽默开场

"最近看新闻说,人工智能要取代人类了。我看了一下自己的银行卡余额,觉得还是人类比较安全。"

"最近不是流行佛系吗?我试了一下,还是做懒系比较好。"

网络上的很多热点问题都可以随手拿来做开场白,能够迅速引起关注,让聊天变得有趣起来。

调侃天气式幽默开场

"这天气说变就变,我都快成变色龙了,一会儿穿短袖,一会儿穿棉服。"

"今天太阳真好,最适合给我这样的懒人补钙。"

"今天下雨免费洗了个头,唯一的遗憾是没带洗发水。"

"这天气,真的是自带'烧烤模式',感觉我马上就要熟了。"

利用天气来打开话匣子,能够使双方迅速找到共同话题,让聊天变得轻松自然。

角色扮演式幽默开场

"我是孙悟空,请问哪个妖怪又来作乱,交给我来对付。"

"我是从古代穿越来的相面师,掐指一算,我就知道您明天要走大运。"

"我是来自未来的机器人,专门拯救人类的不开心,请问您有什么烦恼?"

偶尔给自己换个身份,可以展现自己的创造力和幽默感,迅速吸引对方的注意力,让聊天变得新颖别致。

比喻夸张式幽默开场

"我的记忆力太好了,好到连今天早上吃的什么都忘记了。"

"我保证,我煮泡面的技术绝不输于五星级大厨的水平。"

"我这是穿越到10年前了吗?你这脸,怎么一点没变?"

比喻或夸张能够迅速制造笑点,达到一鸣惊人的幽默效果。

✦ 会说话在酒局上被人高看一眼

饭局是展现个人情商和社交技巧的舞台。如果轮到你敬酒，别只会干巴巴地说："我敬您。"恰到好处的敬酒词，才能够营造良好的氛围，迅速拉近你与他人的距离。

尤其是当有领导在场，敬酒时，你不仅要表达自己的敬意，还要能让领导感受到你的热情和诚意，以此赢得领导的青睐和赏识。

部门聚餐，同事们纷纷向领导敬酒，轮到海洋时，他端起酒杯对领导深情地说："张总，上次您给予我进修的机会，让我受益良多。我一直都想当面向您表达我的感激之情，今天借这个机会敬您一杯，感谢您多年来的悉心培养和指导，您的教诲我将铭记在心、永生难忘。同时，我也借这杯酒以明心志，未来的日子我将继续跟随您，努力工作，不断取得新的业绩，以回报您的信任与期望。"

领导闻言脸上露出了欣慰的笑容，说道："未来是属于你们年轻人的，加油！来，干杯。"

敬酒者在敬酒时提及某个具体的事例是在告诉领导，自己一直记着领导对自己的恩情，有助于体现敬酒者的真情实感，同时也能够使后续的"感谢培养"落到实处，区别于一般的客套。再加上最后表忠心的话，必定会让领导欣慰不已。

如果我们与领导的关系很好，而领导也是一个开朗、幽默的人，我们在敬酒时还可以说一些俏皮话来带动饭局的气氛。需要注意的是，此类祝酒词要求在场的都是相熟的人，尤其是不能随便和领导或客户开玩笑，以免弄巧成拙，让领导难堪。

敬酒不是一件很随意的事情，它是有规则和礼仪的。我们要学会说一些得体的敬酒词，才能在酒局上游刃有余、备受欢迎。

那么，在敬酒时如何说敬酒词才能既体现对对方的尊重，又能够烘托气氛呢？

敬领导：感恩+展望未来

> "我从一个职场小白到独当一面，多亏了您对我的帮助和指导，在未来的日子里希望能继续做您的下属，聆听您的教诲。"
>
> "来公司一年多，一直想和您好好喝一杯，今天终于有机会了。感谢您对我的提点，您是我的贵人，在您的带领下，我会继续努力的。我敬您一杯！"
>
> "这么多年以来，承蒙领导对我悉心栽培。平时让您费心不少，在这里我非常感谢领导，同时以后我也会更加努力去工作，多多向大家学习，争取把工作完成得更漂亮，绝不让您失望。"

领导是我们职场中的贵人。敬酒时感谢领导是应该的，毕竟有了领导的栽培，我们才能取得如今的成就。在给领导敬酒时，我们的姿态要放低，对领导表达感恩之情，让领导感到我们是知恩图报的人，同时还可以展望未来，表达愿意追随领导的意思。

敬长辈：幽默 + 暖心祝福

"家有一老，如有一宝。我们家有这么多宝贝，我在这里祝福各位宝贝身体健康、福寿无边！"

"'酒是福酒是寿，喝了健康又长寿。'喝下这杯酒身体倍儿好，祝您生活幸福，福寿绵绵！"

"您喝了这杯酒，准会人旺、家旺、福寿长。祝您身体健康如常青树，长寿比南山不老松，子孙满堂、欢乐幸福、长享天伦之乐。"

在聚会上，向长辈敬酒是必不可少的礼节。你在说话时，需要表达对长辈的祝福和问候。如果是关系很亲近的长辈，说话时还可以适当地幽默一些，这样既表达了自己的祝福，又能让长辈倍感开心。

敬朋友：真诚 + 衷心希望

"大家都是朋友，今天随意一点。喝了这杯，祝大家家庭幸福，前程似锦。苟富贵，勿相忘啊！"

"我就知道你是个对自己有要求的人，永远有新的目标。加油，我们都看好你哟。"

朋友是仅次于家人的存在。平时大家都比较忙，难得聚在一起，互相敬酒可以随意、自然一些。在给朋友敬酒时，我们说祝酒词要表现出自己真挚的关心和祝福，不要吝啬对朋友的赞美，这样可以增进友谊，营造愉快的氛围。

敬同事：感谢 + 增进感情

> "杨姐，您的能力强、人品好。自从我到了公司，多亏您的照顾，以后还少不了麻烦您，还请您多多关照啊。"
>
> "感谢同事们对我的帮助和照顾，在你们身上我学到了很多宝贵经验。我们既是朋友，也是工作中的好战友。这杯我先干为敬！"

同事是我们每天都会见到的人，在工作中也少不了对方的帮助。向同事敬酒时，我们要着重感谢同事对自己的无私帮助，夸奖对方的人品和工作能力，同时还要表示出"大家都是自己人"的意思，进一步拉近双方的感情，这有利于今后的合作。

✦ 高情商回怼一切恶言恶语

有些人总是喜欢当众挖苦、取笑别人，并美其名曰"开玩笑"。当我们遇到这种情况时，有些话我们可以一笑置之，可如果对方的玩笑恶意满满，那我们就要及时亮明自己的态度，强硬地怼回去，让对方不敢再这般放肆。

小丽的个子有些矮，一天，她穿着一条比较宽松的裙子去上班，不料一位同事见到后笑着对她说："哪里来的煤气罐？"众人闻言纷纷笑了起来。小丽见状顿时有些尴尬，想要破口大骂，又担心影响自己的形象，最后也只是从牙缝中挤出了一句"神经病"。

很多人在面对别人的挖苦和嘲笑时，往往不知该如何应对。在大庭广众之下，我们若是因这种小事和对方翻脸，会显得自己没风度；可若是默默忍受，看着对方一副得意的样子，我们又心有不甘，真可谓进退两难。其实，我们在遭遇挖苦和嘲笑时，怼回去无疑是最佳的选择，只不过要格外注意回怼的方式和分寸，须做到既能为自己出一口气，又不至于让自己失了风度。

首先，要避免情绪化。对方的话哪怕再刺耳，只要没有达到辱骂的程度，我们就要保持冷静。如果将这件事看作一场战争，那么谁率先被激怒，谁就是输家。其次，要善于使用各种回怼的技巧。比如，借力打力，即不管对方说了什么，我们都不要和他们争论具体的内容，而是通过新的逻辑将对方的话挡回去，令其自讨苦吃。

苏轼和佛印禅师是相交多年的好友，有一次，二人谈经论道时，苏轼问道："你看我像什么？"佛印禅师回答道："我看你像一尊佛。"苏轼随后开玩笑道："可我看你像一坨屎。"佛印禅师闻言神色平淡，笑而不语。苏轼得意洋洋，自认为恶作剧得逞，并将此事告知了苏小妹。苏小妹无奈地解释道："佛印禅师心中有佛，自然看什么都是佛，不知道哥哥在高兴什么？"苏轼闻言一时语塞，只得摇头苦笑。

应用"借力打力"技巧最好是将对方的话与其他事物联系到一起，从而达到回怼的目的。比如，若是别人嘲笑我们头发少或头秃，我们就可以回怼说："确实没有你身上毛多，猴子见了你都得喊大哥。"若是有人嘲笑我们个子矮，我们就可以回怼说："其实，这和个子没关系，有一种动物看谁都觉得低。"

此外，我们在回怼时，还可以使用顺水推舟、偷换概念、以牙还牙等技巧，来让对方哑口无言。

顺水推舟

"哎，这些人就数你混得最好，在大城市里上班，不像我们只能留在老家混口饭吃。"

"可不是嘛！你们天天都能混到饭吃，我得多混几天才能混到一口饭。"

> "你看你，人长得漂亮，又会打扮，肯定讨男人喜欢。"
>
> "是啊，所以现在还是单身，挑花眼了，不像你，没有这个烦恼。"

该技巧讲究出其不意，先肯定对方的观点，并顺着对方的话往下说，越夸张越好。

偷换概念

> "这么大的领导怎么还坐公交车上班呢？"
>
> "我不坐公交，难道飞着去上班吗？"
>
> "大男人过什么生日，连女朋友都没有，吃饭有什么意思？"
>
> "难道你过生日必须得吃个女朋友吗？"

当对方的讥讽或取笑难以直接回应时，我们可以偷换概念，转移话题焦点，同时用幽默博众人一笑，对方自然无话可说。偷换概念这种技巧，既能避开较为敏感的问题，又能以幽默化解现场的火药味，不至于使众人陷入尴尬。

以牙还牙

> "这么点钱都不借，你也太小气了吧。"
>
> "这么点钱还要借，你也太无能了吧。"

该技巧讲究忽略对方的重点，并利用对方的逻辑，以其人之道还治其人之身。只要我们回怼的话更具杀伤力，场面立即就会反转。

面对别人的嘲讽和取笑，我们切不可陷入自证或解释的误区，我们可以大胆回怼对方，只要技巧足够熟练，自然能优雅地赢下这场"口水仗"。

✦ 不小心说错话，如何挽回局面

日常交际，难免会有说错话的时候，特别是有时可能会说出"言者无心，听者有意"的话。对此，我们很可能会尴尬到想找个地缝钻进去，不过，高情商的人非常善于察言观色，及时做出应变，迅速化解尴尬。

真真的婚礼在迪士尼举行。婚假结束后，她给大家发了喜糖，中午同事们都凑过来一起聊天。大家看着婚礼现场的照片，都夸她老公肯定花了不少钱。

清清走过来看照片，下意识地说了一句："就这么几个公主吗？迪士尼没有让所有公主都来参加你的婚礼吗？"此话一出，气氛顿时有些尴尬，真真也变了脸色。

清清这才意识到自己说错话了，赶紧继续道："不过，那些公主都是假的，有这么浪漫的婚礼，真真才是那天迪士尼里唯一的公主。"真真这才重获笑颜。

情商高的人，素有急智。当他们说错话的时候，不会强词夺理，也不会拒不认错，而是将错就错，在不破坏气氛的情况下，将错误圆过去。

在一次婚宴上，主持人向两位新人传达祝福："你们即将步入婚姻的殿堂，共同度过漫长的婚姻生活。幸福美满的婚姻需要两人共同去经营。机器想要运行顺畅就需要润滑剂，你们就好比是一对旧机器……"

主持人的话还没说完，来参加婚礼的宾客就响起了一片嘘声，一对新人也面红耳赤。主持人才想起来，这对新人是各自离异之后，历经波折才终成眷属。现在将他们比喻为一对旧机器，就像是在讥讽他们一般。

但是主持人并没有慌张，他好似没有听到宾客的嘘声一般，不慌不忙地说道："……一对旧机器，已经过了磨合期，接下来只要享受美好的日子就可以了。"

话音刚落，台下顿时响起了掌声，一对新人听了主持人的话，也感觉格外幸福。

当因为紧张或者情绪激动而说错话时，如果停下来辩解，无疑会加深对方对于失误的印象和不满。而且很多人在说错话，尤其是感觉到对方生气之后，会变得更慌张，并且十分自责。于是，他们急着证明自己并不是故意的，但语无伦次的解释只会让对方更加不耐烦，气氛也会变得越来越尴尬。

不小心说错话是一件很正常的事情，关键在于怎样去处理这个错误。我们可以顺着自己的话，将错就错将话继续说下去，但是接下来的内容一定是夸赞对方的，这样就能够达到纠错的目的。有时候，补救的话还会成为点睛之笔，达到意想不到的美妙效果。

举一个简单的例子，你和朋友聊天的时候，互相开玩笑，忽然你对朋友说："你不是人。"这必然是一句骂人的话，朋友听了也会生气。

但是，你接着说一句："因为你是仙嘛！"对方听了，肯定不会生气了。经过这一转折，原本骂人的话也变成了赞美对方的言语。

当然，如果没有办法将错就错，那就在第一时间诚恳道歉。"对不起，我刚才说的话可能让你感到不舒服了，我真的很抱歉，请你原谅我……不过我其实并没有恶意，可能表达不当……""抱歉，你可能对我刚才的话产生了误解，是我的问题，不过我还是想解释一下我的真实想法，我不是你想的那个意思，我只是……"无论多小或多严重的错误都要坦率承认，并真诚地道歉，可以做出解释，但不要为自己的错误找借口，更不要试图推卸责任，否则只会加剧局势的恶化。

道歉的内容要清晰、具体、真诚，注意语气和表情，避免显得敷衍、虚假。而且，道歉的方式也很重要，要根据实际情况选择合适的方式。通常面对面的道歉比在电话或微信里道歉更能体现你的诚意和重视，但对方因为很生气而不愿意见你，你可以先通过电话或微信等方式表达你的歉意，并请求见面。如果对方同意见面，你可以送上一些小礼物或一束鲜花等，再次当面道歉，表达你的真心和诚意。

另外，如果说错话是因为误会或者沟通不畅导致的，那么你应该及时向对方解释你的真实意图，消除对方对你的误解。解释的目的是让对方知道你并没有恶意，让对方理解你的观点和立场。因此，解释的时候要注意逻辑和条理，解释的内容要客观公正，避免情绪化，以免引起更多争执。解释的时候，如果对方情绪比较大，可以先给一点时间让对方冷静一下，再尝试沟通。如果对方仍然不愿意听你解释，可以请一些中立的第三方来调解。

说错话后，挽回局面并非一件难事，只要掌握一些基本原则和技巧，就能有效化解危机。

积极做出弥补

"我知道我犯了错误，我真心希望能弥补我的过失，请问我可以帮你做点什么吗？"

"都是我的错，你告诉我要怎么做才能让你消气？总之要杀要剐悉听尊便，只求你能理理我。"

表明自己的改进和弥补意愿，通过实际行动来表达自己的歉意，避免再次犯同样的错误，让对方看到你的诚意和努力。

用幽默化解

"我刚才说那些话，简直太蠢了，我应该把嘴巴缝上。"

"我这次犯的错简直和国足射门一样离谱，我真想给自己一脚回传，让你开心起来，对不起啦！"

"我现在的心情就像吃了没洗的黄连，满嘴苦涩，只想找个地方吐，我知道我错了，你就原谅我吧？不然我怕我今晚真的要抱着马桶睡觉了！"

如果说错话是因为不小心失言或者玩笑开过了头，那么可以用幽默和自嘲的方式来化解尴尬。要注意分寸和场合，避免过于夸张和不合时宜。

✦ 尴尬时刻，幽默来救场

在与人沟通的时候，每个人都难免遇到让自己尴尬的事情。比如精心打扮后去参加单位举办的聚会，却不小心把红酒洒到了身上；穿着长裙去参加一个朋友的生日聚会，却不小心当众摔了一跤；老总请大家吃饭，夹菜时不小心和同事一同把筷子按在了盘子里最后一块排骨上面……

如此种种令人尴尬的场景，都令我们不知所措，而此时若能适当地幽默一下，方是化解尴尬的最好办法。在生活和职场中来点幽默，不仅能化解尴尬，消除愤怒，还可以给自己带来好人缘。

央视主持人董卿在录制《欢乐中国行·云南大理篇》时，不小心从楼梯上踩空摔了下来。她却巧妙地说道："我真的是为大理的美景所倾倒，倒在了三塔寺下啊！"她机智又幽默地将一场尴尬成功转化成一个愉快的小插曲，获得了观众的称赞。

情商高的人具有恰到好处的幽默感。他们常常能够用一句好笑的话打破冷场的尴尬，是当之无愧的"救场王"。

钢琴家波奇有一次在密歇根的弗林特表演，当他临出场的一刻，才发现上座率不到五成。

他看着稀稀拉拉的观众，走向舞台的脚灯，向观众深深地鞠了一躬，然后说:"弗林特这个城市一定很富有，"观众好奇，稍停顿之后，波奇继续说，"我看到你们每个人都买了三张票!"

起初观众没明白，但是大家转头一扫左右的空座，顿时都笑出了声，气氛马上就活跃起来了。波奇也顺利克服了自己低落的情绪。

我国的文学家林语堂先生认为:"幽默本是人生之一部分，它处于俏皮与正经之间。"这里的幽默是指以特殊的表现和态度来应对生活。幽默表达的是人类征服忧愁的能力，它能令人如沐春风，困顿全消。在人的精神世界里，幽默感实在是一种丰富的养料。

如果说语言是人与人之间沟通的桥梁，那幽默感就是桥上行驶得最快的那辆列车。它时刻穿梭于此岸与彼岸之间，并以最快捷的方式直抵对方的心灵。

别人让你尴尬了，你用幽默回报，不仅显示了你的大度，还使气氛变得轻松，何乐而不为呢?

正如美国一位心理学家说的:"幽默是一种最有趣、最有感染力、最具有普遍意义的传递艺术。"学会幽默，以轻松的心情面对自己、面对别人，去做个有趣的人，那么你定会焕发出更加夺目的吸引力。

✦ 对领导的关心，如何高情商回应

在职场中，领导经常会对下属说"辛苦了"三个字。面对领导突如其来的关心，低情商的人往往会随口回应"没事""不辛苦""这本来就是我的工作"之类的话，完全无视领导的一片心意。而真正的高手则不会让领导的关心落空。

公司新产品即将上线，小何每天都忙到深夜，有时候还会住在公司里。领导见状对小何说："辛苦了，你要多注意休息啊。"

小何回答说："谢谢领导的关心。能干是福气，昨天产品上线最艰难的工作已经完成，一定会按时上线，能够参与这个项目是我的荣幸，再辛苦也是值得的。您每天都陪我们加班到深夜，我作为一线员工，看在眼中，感动在心中。您放心，我会协调好时间，尽可能地多奋斗。"

小何的回答属于教科书级别的回复，采用了"感谢+感恩+吹捧+表态"的方式，既没有让领导的关心落空，又汇报了工作的进度，还适时拍了领导的马屁，表了决心。这种方式会让领导十分受用。

当然，我们在回复领导的关心时，不必如此刻板，还须因人而异、因事而异，保证自己的每一句回复都恰到好处。

当高层领导来视察或与领导在走廊、电梯、茶水间偶遇时，他们口中的"辛苦了"就是出于礼貌和习惯而说的客套话。我们就可以回复说"谢谢领导的关心"或"谢谢，这是我们应该做的"。

当我们帮了领导一个小忙，领导口中的"辛苦了"同样是客套话，我们可以回复说："谢谢领导，那您先忙，有事吩咐我就行。"

面对客套话"辛苦了"，我们要注意回复的篇幅，一定要简短且以感谢为主，切忌长篇大论，以免使回复显得虚假，招致领导的反感。

当我们顺利地完成了某项艰难的工作，或者取得了很好的成绩，领导十分满意时，领导口中的"辛苦了"就是对我们的表扬和肯定。我们可以这样回复：

强调自身感悟

示例一："谢谢领导的关心，这段时间虽然辛苦一些，但也让我学到了不少东西，我感觉自己成长了不少，辛苦一点也是值得的。"

示例二："谢谢领导关心，跟着您我学到了很多东西，这点辛苦不算什么。有做得不好的地方，还请您多多指教。"

强调赞美领导

示例一："谢谢领导的关心，有您这么体恤下属的领导，还有一群积极配合的同事，再辛苦心里都是甜的。"

示例二："谢谢领导，正因为有您的指点，我们才能取得这样的成绩。"

强调团队作用

示例一："谢谢领导的关心和认可，这个项目的成功离不开整个团队的共同努力,尤其是小李,这几天都没怎么休息,出了很大力。"

示例二:"谢谢领导关心,这段时间大家都挺辛苦的,为了完成这个项目,大家都付出了很多。但只要最后工作完成得漂亮,我们的辛苦都是值得的。"

如果我们和领导很熟悉,关系比较好时,可以这样回复:"领导,有您这句话,我就是再累点都值得,不过您得抽时间犒劳犒劳我们这帮兄弟。"幽默加玩笑的方式,既轻松又能拉近你与领导的关系。

当我们工作的效果不佳,未能达到领导的预期时,我们要注意辨别领导的态度,对自己的工作有一个预判和评估。如果我们的工作没做好,就不能将"辛苦了"视作关心,而要视作宽容和理解。

我们在回复时可以这样说:"这次时间比较紧,工作上有些疏忽,谢谢领导的理解和包容,以后我会继续努力的。""感谢领导的宽容,请您放心,我会继续努力,下次做得更好。"以积极的态度加未来期许作为回复,能缓解领导的不满,降低领导的不悦情绪。

✦ 被领导猜忌，如何不留痕迹地化解

电视剧《宰相刘罗锅》中有这样一句话："说你行你就行，不行也行；说不行就不行，行也不行。"而这句话也是当代职场的真实写照。员工能力太差，会被领导无视，员工能力太强，又容易受到领导的猜忌、打压。若想要打破这种僵局，我们就要学会不留痕迹地化解领导的猜忌。

在公司的年会上，董事长特意点名夸赞了技术部的阿明，这让他非常激动，认为自己马上就要被提拔。可渐渐地，他却发现自己总是被技术总监以各种理由排除在重要项目之外，只能负责一些日常的小项目。他曾找到总监询问原因，可对方一直以"多给新人锻炼的机会"为由来搪塞他，这让他百思不得其解。

在职场上，能力太强、风头太盛的下属通常会受到领导的猜忌，主要原因有两点：一是这类人的能力远超领导，平时难免会质疑领导的决策，而这一行为无疑是对领导权威的挑战，哪怕最终能够证明领导是错的，也会让领导心生不满；二是这类人能力强、潜力大，尤其是得到过高层领导称赞，领导会担心将来有一天他们会取代自己的位置。

自古功高震主者，都没有好下场，比如韩信、白起等。这些人曾经为自己的君主立下了天大的功劳，最终却难逃一死。究其根源，是

他们作为下属能力太强、风头太盛。不过，凡事总有例外，战国名将王翦在秦始皇统一六国的战争中立下了赫赫战功，最后却得以善终。王翦的聪明之处就在于低调，他在出征前不停地向秦王索要良田和豪宅，伪装出一副贪爱钱财、胸无大志的样子。一番表演下来，自然就赢得了秦王的信任。

而在现代职场中，低调同样是消除领导猜忌的最佳手段。所谓低调，指的就是功劳大但不居功，能力强但听指挥。比如，当我们完成了一个非常重要的项目，并得到了公司的公开嘉奖时，我们需要尽量收敛自己的锋芒，将功劳让给领导和团队。在上台发言时，我们就要说："这个项目能圆满完成，我个人的力量是微不足道的，没有张经理的指导和同事们的辛勤付出，我就没有机会站在这里，这份荣誉是属于大家的。"

不管是公开发言，还是私下交流，一旦有人提及我们做出的成绩，夸赞我们的能力，我们切不可自吹自擂、居功自傲，而是要将功劳让出去，比如，公司提供的资源、领导的指导和支持、同事们的通力合作等。

同时，我们还要让领导看到我们的服从。能力越强的人越有主见，这就导致他们与领导出现分歧时，会据理力争，让领导下不来台。尽管一些领导知道这种争执是为了更好地完成工作，可这一行为难免让他们感到不舒服。而我们要做的就是"一切行动听指挥"。当我们与领导出现分歧时，可以私下向领导提出自己的意见，若领导没有采纳，此事就到此为止，坚决执行领导的指令，避免私下与同事发牢骚、质疑领导的安排。

甚至有时候，我们可以故意犯一些无伤大雅的小错误，让领导找一些存在感。如果我们将领导交代的每一项工作都做得尽善尽美，领导的"聪明才智"就难以得到发挥，若我们主动犯错，让领导批评我们，就会满足他的虚荣心。比如，在报告中故意写几个错别字。

此外，我们还要注意工作中的一些细节，避免因一时不察而受到领导的猜忌。

不越权

在没有得到充分授权的情况下，我们不管是向上级汇报，还是指挥下属，都不能跳过领导，否则就是对领导的轻视和不尊重。一旦我们表现得过于强势，自然就会引起领导的忌惮。

多向领导请教

我们在推进工作时，可以打着请教的幌子，多去询问领导的建议，无论他的建议是否有价值，这一行为都能表现出我们对领导的尊重以及对其能力的认可。事后，我们还能名正言顺地感谢领导的指导和支持，让对方占一份功劳。

私下多说领导好话

我们在私下与同事闲聊时，只要涉及关于领导的话题，我们都要说领导的好话，切不可在沟通气氛的影响下，跟着同事们一起吐槽领导。当我们的能力很强，又对领导不满时，别人难免会揣测我们的想法，认为我们的野心很大，以至于招来领导的猜忌。

✦ 学会这几招，教你夸到对方心坎里

"哇！你居然就在那家外企里工作，那里可是相当难进去的。"

"怪不得你们经理常常在我面前夸你，果然名不虚传啊！"

饭桌上，若有人这样对我们说话，我们大概会有些受宠若惊，没想到别人会如此高看我们，而我们在他人心目中的地位竟然这样重要。人人都喜欢被别人羡慕、仰视的感觉，当有人表示我们有着令人羡慕的身份或地位时，那就是一种成功，会突然让我们觉得自己很骄傲，更会觉得眼前这个正崇拜我们的人太可爱了。

与人吃饭，想尽快让对方认可，我们就该提前做些准备，毕竟夸大一个人的身份和地位，只简单地说一说"你好厉害！""你太强悍了！""我好崇拜你"等华而不实的话，没什么说服力。所以，我们要事先对对方的能力和平时的表现有所了解。比如，他工作的地方人才济济，他的工作需要什么高超的技术，他曾做出哪些傲人的成绩，他个人有没有特殊的"传说"，有没有人在我们面前特别夸赞过他，等等。这些都是可以切入的点。

比如，当我们对面坐着一位软件工程师时，我们若以不可思议的神色说道："你们随便打几串代码，就是一个小软件，简直太神奇了，那些对我来说比甲骨文还恐怖。"对方收到这样惊讶而又感叹的称赞，一定会美到心里、笑在脸上。

在生活中，与心仪的帅哥共进晚餐，无疑是许多女生心中期待的"小确幸"。要想在短暂相聚的时光里让男生心情好到爆，我们就要懂得夸奖的技巧。

夸餐厅

"这里的氛围和服务都非常好，每一个细节都很用心、很精致，你真是一个会选餐厅的行家啊！"

"每次和你出来吃饭，你总是能带我到令人惊喜的餐厅，无论是昨天街边的小店，还是今天的西餐厅，我都非常喜欢。这让我更加期待每一次和你共进晚餐的时光。"

我们夸奖男生选的餐厅，是对他努力和品位的肯定。他会感到自己的选择被重视和尊重，这有助于增进彼此的关系，加强彼此的信任和好感。

夸点的菜

"你点的这道菜真的太美味了，没想到你对美食这么有眼光！"

"你点的这道菜味道真是绝了，感觉每一口都是惊喜。"

夸奖男生点的菜好吃，是对他的一种尊重，可以提升整体的用餐体验。这种积极的情绪会传递给他，让用餐过程更加愉快和舒适。

夸幽默感

"你说话总是那么有趣，每次和你聊天都让我忍不住笑出声来。"

> "我特别喜欢和你聊天,因为你的幽默感总是能带给我欢笑和惊喜。"

夸奖男生有幽默感,也是表达你对他的欣赏和喜爱的一种方式。这种正面的反馈会让他感到被关注和重视,从而加深你们之间的友谊或感情。

夸绅士风度

> "和你在一起时,你总是那么细心周到、绅士风范十足。"
> "你的绅士举止总是让我感到很温暖和舒适,真的很让人欣赏。"

绅士风度通常表现为对他人的礼貌和尊重。夸男生有绅士风度,是对他这种良好品行的赞赏,表明你欣赏他待人接物时的礼貌、尊重他人的态度。

夸有见解

> "你的见解总是那么独特,让我看到了不同的思考角度,这真的很有启发。"
> "你对于事情的洞察力和分析能力真的很强,每次和你交流都能让我受益匪浅。"

当我们说一个男生有见地时,我们是在赞赏他的智慧和洞察力。这表示他能够深入思考问题,从不同的角度看待事物,提出独到的见解和解决方案。这种认可会让男生感到自豪和受到尊重。

生活中，能与心仪的美女一同共进晚餐，无疑是一件幸运的事。然而如何在这美好的时刻，用恰到好处的赞美让佳人既感动又心动，是我们必须学习的事情。

夸漂亮

"今晚的你，真的让我眼前一亮。你的笑容如同春天的阳光，温暖而明媚。"

"你今天穿的裙子真漂亮，颜色搭配得恰到好处，显得你既优雅又有气质。"

赞美女生的外貌可以增强她的自信心，让她感到自己受到重视和欣赏，同时这也是一种友好的交流方式，有助于增进彼此的关系和友谊。同时，夸女生长得漂亮也能够让她感到快乐和满足。

夸吃饭的姿态

"看你吃饭真是一种享受，你的一举一动都透露出一种独特的魅力，让人难以忘怀。"

"看你吃饭就像欣赏一幅画，那种优雅和品位真是让人赞叹不已，你真是一个懂得享受生活的人。"

优雅的吃相是一种良好的餐桌礼仪，能够反映出一个人在饮食上的细致和教养。当你说女生吃相优雅时，你其实是在赞美她注重礼仪、尊重食物的态度。

表达心意

"你的笑容和话语总能让我感到温暖和舒适。能和你一起吃饭,是我一天中最期待的事情之一。"

"我真的觉得自己很幸运,和你一起享受美食的时光是如此愉快,你总能给我带来意想不到的美味惊喜。"

当我们说和她一起吃饭是幸运的,女生会感受到自己在我们心中的重要性和价值,有助于增进双方的亲密感和友好关系。同时,她会感到受到尊重和珍视,更加愿意与我们一起共度时光。这能让她知道我们珍视与她的相处,有助于促进彼此的进一步交流和了解。

第五章

识人有术，掌握社交关系中的主动权

尽管骗子很懂得心理学，又很会演戏、巧舌如簧，能把稻草说成金条，伪装得几乎滴水不漏。但是，假的毕竟是假的，只要你注意观察、细加分辨，就会发现，即使是他们精心编织的谎言，仍有大量的破绽和堵不完的漏洞。

✦ 与人相处，教你一眼看穿对方在说谎

在社交中，人们总是免不了说一些假话，以此来达到自己的某个目的。我们若是不想落入对方的算计，就要学会识别谎言，而肢体语言就是最好的判断依据。因为一个人的嘴巴会说谎，身体却不会骗人，肢体动作透露出来的信息要比语言更加真实。

1998年，美国总统克林顿被爆出桃色新闻，尽管他在公众场合和公开宣誓时极力否认这件事，但一些人还是根据他的表现，断定他说了谎话。果不其然，随着新一轮证据的曝光，克林顿再也无法抵赖，只好当众道歉。

那些人之所以笃定克林顿在说谎，主要是因为他平时并没有摸鼻子的习惯，可他在陈述证词的过程中，摸鼻子的次数竟然高达26次，同时还伴有眼神和手指方向不一致的反常行为。而这些片段在后来也成为微表情研究上的经典案例。

当一个人在说谎时，他们的内心会出现不同程度的紧张感，从而下意识地做出一些动作，以减轻压力，缓解内心的紧张。其中，最常见的说谎表现就是摸鼻子。澳大利亚作家阿兰·皮斯从生理学的角度对该行为进行了解释：人们在说谎时，身体会因紧张分泌一种名为"儿

茶酚胺"的物质，这种物质会造成鼻腔的不适，人们就会本能地去摸鼻子。

除了摸鼻子之外，很多比较反常的小动作也是说谎的常见表现，但基本上都与手相关。

掩嘴

人们用拇指触在面颊上，将手遮住嘴的行为称为"掩嘴"。这种行为带有强烈的孩子气，当成年人在沟通中出现这种动作时，通常意味着他们在说谎，也许是他们在潜意识中想忍住那些欺诈的语言，从而引发与口头语言相矛盾的手势，试图遮挡说谎的痕迹。有些人有时还会用几根手指或者握拳挡住嘴巴，或者以假装咳嗽的方式，来掩盖自己嘴巴的动作，意思也是一样的。这些突如其来且围绕嘴的手部动作，基本上都是说谎的信号。

搓耳朵

这种动作是小孩子双手掩耳的动作在成人中的一种重现。说谎者有时还会用手拉拉耳垂或将整个耳朵朝前弯曲在耳孔上，后一种动作也是听者厌烦了的表现。在社交中，这几种小动作虽不是判定谎言的直接依据，但是起码能给我们识别谎言提供参考。

挠脖子或扯衣领

脖子对人体来说是一个薄弱的区域，说谎者一旦感觉到对方有所怀疑，大脑就会释放危险的信号，脖子就会因为血压升高出现不适，甚至不断冒汗。说谎者讲话时常会不自觉地用写字的那只手的食指挠耳垂下方的部位，或者频繁拉扯衣领，在领子比较紧的时候，这种动作会更加频繁。

舔嘴唇

人们在紧张时，神经系统会减少唾液的分泌，使他们感觉口干舌燥，从而下意识地出现舔或咬嘴唇的动作。在沟通中，如果对方不自觉地做出舔嘴唇或者咬嘴唇的动作，那我们就要注意，他们很可能就是在说谎。

因说谎导致的紧张，还会引发眼神上的变化。一般来说，人们在沟通时会频繁地进行眼神的接触，但说谎者由于紧张和心虚，会本能地回避与对方的视线接触，以降低紧张程度。因为说谎者本身处于一种紧张状态，当视线与对方交汇时，看到对方怀疑、探究的目光，则会加剧心理紧张。男性说谎时经常会向别处看，通常会向地板上看；女性说谎时通常会轻揉眼睛稍下的部位。即使双方对视，说谎者也会忍不住眨眼。人通常每分钟眨眼5到8次，这个动作是一种自然的反应，可当人的情绪产生波动时，眨眼的频率就会明显增加。

此外，表情的时间长短也可以反映说谎的印迹。一般来说，无论是惊喜、愤怒，还是悲伤，表情持续的时间都很短，只在一瞬之间，即使那种极其强烈的情绪感受，也不会超过5秒。比如，一个人脸上露出一副惊讶的表情，而且时间很长，只有三种可能性：一是嘲弄式惊讶，即故意装出惊讶的表情来嘲弄对方；二是装出惊讶，即没有受惊却故意摆出惊讶的样子；三是象征性惊讶。虽然大多数人都知道怎样装出惊讶的表情，但是装得极像者非常少，因为自然的惊讶表情起始时间与消逝时间都很短。

因此，我们在社交中，不仅要注意对方说了哪些话，还要懂得关注对方的肢体动作，以此来判断对方说的究竟是真话还是假话。

✦ 闻声识人，教你鉴别言辞背后的谎言

当一个人打算欺骗别人的时候，通常会格外在意自己的言辞，因为用言辞来捏造事实或隐瞒一件事情是比较容易的。但是，听起来比较真实的谎言和真话之间仍会存在细微的差异，只要我们细心倾听，就很容易找出其中的破绽。

一天清晨，阿志蹑手蹑脚地回到家中，不料妻子正在客厅里等着他。妻子问道："你昨天晚上是不是去打牌了？"阿志有些慌张，回答说："不是。"妻子又问："那你昨天晚上去干什么了？"阿志回答说："我昨天晚上能干什么……我昨天晚上一直和阿海在一起聊天。"妻子冷冷地说道："撒谎。"

对于那些惯于说谎的人而言，一秒钟的煎熬堪比漫长的一生。当面对责问之时，他们的内心充满了惶恐与不安，生怕自己的谎言被揭穿，因而总是急于回应，企图以此消除对方的疑虑。然而，正是由于紧张与焦急，他们往往来不及深思熟虑，只能仓促应对。于是，他们开始机械地重复对方的话语，或是将肯定变为否定，又或是干脆矢口否认，企图用这些拙劣的手段来掩盖事实。

此外，人们在说谎时还会出现口误、停顿及声调上的变化。我们

可以格外关注这些方面，以此来判断对方是否在说谎。

口误

人们在说谎时，由于内心十分矛盾，以至于稍一大意就会说出本不想说的或相反的话，出现口误。说话者要抑制自己不要提到某件事或不要说出自己所不愿说的东西，但又由于某种原因而说走了样，这便是口误。口误可以说是一种自我背叛。当然，我们也应注意，许多情况下说谎者并不一定会出现口误。

声调

在判断一个人说话时的情绪和意图时，固然要听他说些什么，但是在许多情况下更要听他怎样说，亦即从他说话时声音的高低、强弱、起伏、节奏、速度、转折和停顿中领会"言外之意"。

当说谎是为了掩饰恐惧或愤怒时，声音通常会比较高，说话的速度也比较快；当说谎是为了掩饰忧伤的情绪时，声音就与之相反。那种担心露馅的心理会使声调带有恐惧感；那种"受良心责备"的负罪感所产生的声调效果与忧伤所产生的效果极为相似。不过，声调提高本身并不是说谎的象征，它只是恐惧、愤怒或激动的象征。与此相应的，没有声调提高的迹象也并不意味着没有说谎。

停顿

人在说谎的时候，很容易出现反常的停顿。比如，停顿得过长或过于频繁。之所以会出现这种情况，主要是因为：说谎者可能事先未准备好"台词"，因而可能会在临场时产生犹豫或错误；即使说谎者已经把"台词"准备得很充分，也可能由于担心露馅而临时怯场，忘了所编的"台词"，或者由于突发性的意外事件的干扰而产生了情绪波动和思维混乱，一时忘了前后"台词"间的联系。

如果某人的说话方式和平时不同，同样也有说谎的嫌疑。比如，一个人平时能言善辩，现在突然结结巴巴地说不出话来；相反，某人平时说话没有一点要领，东拉西扯，或者属于木讷型的人，但是现在突然滔滔不绝地说出一大堆话，这时候我们要注意这两种人到底真正想要表达什么。他们前后的说话方式不同，多半事出有因，千万不可等闲视之。

提供更多细节

说谎者在我们陷入沉默时，会变得异常心虚，认为我们怀疑他们的话，因此，他们会通过提供更多的细节来增强言语的可信度。只有当我们终于信服时，他们才会停下那喋喋不休的口舌。而我们若始终保持沉默，他们便会如坐针毡，继续滔滔不绝，试图用更多的谎言来掩盖真相。但诚实的人并不是这样。当他们给出解释后，内心便如释重负、坦然自若。即便对方未曾言语，他们也深知自己已尽到解释之责，无须再多言什么。他们的内心是坚定的，无须用言语来掩饰或证明自己的真诚。同时，诚实地回答问题时，往往会使用更为简洁的回答。比如，"我没做"通常比"我真的没有做"更可信。

一个人在说谎时不可能控制和伪装自己全部行为的细节，他只能掩饰、伪装别人最在意的地方，但正是这种重视更容易露出破绽。但是，凡事都没有绝对，这些迹象指向的可能是谎言，但也不能排除其他因素的影响，我们还要客观地去判断。

✦ 人品如衣品，从穿衣风格了解一个人

常言道："衣如其人。"一个人的穿衣风格往往是其内心世界的反映。就像有些人喜欢打扮得华丽张扬，而有的人则更倾向于朴素内敛。在社交中，我们就可以通过一个人的穿衣风格来初步了解他的性格。

追求华丽、精致穿衣风格的人，通常有很强的虚荣心和自我表现欲。他们在穿衣打扮时喜欢给自己的衣服增加更丰富的元素，填充更多的细节，比如蕾丝、花边、绸带等，借此来提升衣服式样的繁杂程度，保证自己在任何社交场合都能成为焦点。

这类人心思细腻，说话、做事更偏向于感情化。我们在与之相处时，如果能把握好分寸，给予他们足够的尊重和赞美，他们会非常乐意与我们交往。

追求潮流、前卫穿衣风格的人，性格往往比较开朗、好奇心强，喜欢丰富多元的生活方式。他们的社交能力通常都很强，在与人相处时不畏惧权威，自信且大方。只不过他们最大的缺点是没有自己的主见，不明确自己有什么样的审美观。他们很可能情绪不稳定，且无法安分守己。与这样的人交往时，我们要敢于打破常规，真心地尊重他们的个性喜好。

追求简约、利落穿衣风格的人，从来不追求明艳的色彩和过于新颖、夸张的设计与搭配。这类人往往比较自信、独立，性格也比较沉着、稳重，

不会过于在意他人的眼光。他们做事的态度一般是有条理且干脆果断，追求效率和完成度，对自己和他人都有着严格的要求。他们的优点是做事不犹豫，显得非常干脆利落，言必行，行必果。但他们也有缺点，那就是清高自傲、自我意识比较强、常常自以为是。与这类人相处时，要做到直接、真诚且有效，要清楚明白地向他们表达自己的看法，并且充分尊重他们的个性和意见。

追求运动、休闲穿衣风格的人，服装通常都是以日常、舒适为主。这样的人一般性格阳光、乐观且积极向上，他们做事的态度往往是积极主动的，比较容易与人合作。在与人交往时，他们待人友好、态度真诚，更在意相处氛围的轻松愉快，而不注重严苛的细节和形式。但他们常常以自我为中心，而不去融入其他人的生活圈子。他们有时候会感到孤独，也想和别人交往，但在与人交往中，总会出现许多的不如意，经常以失败而告终。他们多数没有朋友，可一旦有了朋友，就会是非常要好的朋友。他们性格中害怕、胆怯的成分比较多，不容易接近别人，也不易被人接近。

偏爱西装、牛仔裤、工装裤这一类中性风格服装的人，通常独立、自信且充满个性。他们不拘小节，讨厌被死板的规则所束缚，做事非常具有决断力，很有人格魅力。这样的人做事的态度一般偏向于公正和理性化，与人相处时喜欢真诚直接的沟通，讨厌弯弯绕绕。

追求保守、传统穿衣风格的人，一般都偏爱经典、气质型风格的服装。这样的人往往性格沉着、稳重，喜欢含蓄内敛的生活方式。他们是客观且理智的，做事一般较为谨慎、恪守原则。但是，他们有时候不敢有所创新和突破。从某种程度上来讲他们的冒险意识是比较缺乏的，但他们又喜爱争名逐利，自己的人生理想定得也很高。这样的人最大的优点是适应能力比较强,把他们任意放在一个地方,他们都会很快地融入其中,通常会营造出比较好的人际关系。他们很重视自己在他人心目中的形象,希望得到注意、尊重和赞赏,从而在衣着打扮、言谈举止等各个方面都严格要求自己。在与人交往时,他们一般表现得既有礼貌又讲规矩和信誉,喜欢规范的沟通方式。我们与之相处时,要注意交往的分寸。

追求素雅、实用穿衣风格的人,多是比较朴实、大方、心地善良、思想单纯而又具有一定的宽容和忍耐力的人。他们为人十分亲切、随和,做事脚踏实地,从来不会花言巧语地去欺骗和耍弄他人。他们思想单纯,但对事物绝不缺乏自己独特的见解。他们具有很好的洞察力,总是能把握住事情的实质而做出最妥善的决定和方案。

穿衣风格确实可以在一定程度上反映一个人的性格特点,但是,我们也不要单纯地以此给对方定性,还是要结合对方的言行进行全面的审视,如此得出的结果才更加精准。

一个人的肢体语言，暴露了他的真实想法

语言沟通是社交的重要方式之一，但除了口头语言，肢体语言也在默默地传递着信息。在沟通时，对方的肢体语言也许比他们口中说的话更能暴露其内心的真实想法。

松锦决战后，大明名将洪承畴兵败被俘。皇太极想要招降洪承畴，奈何对方誓死不从，前去劝降的人全都无功而返。这时，时任吏部尚书的范文程主动请缨，接下了这个任务。

范文程见到洪承畴后，绝口不提招降的事情，只和洪承畴谈古论今，同时暗中观察他的言行举止。两人正说着，突然一块灰尘从梁上落了下来，掉在洪承畴的衣袍上。洪承畴一边说话，一边伸手掸去了衣袍上的灰尘。

范文程见状，心中已知对方的心意，回去对皇太极说："您放心吧，洪承畴不会死的。"

皇太极顿时放下心来，随即问道："之前的人都汇报洪承畴态度坚决，已有死志，你怎么知道他没有这种想法？"

范文程当即讲述了洪承畴在与自己闲聊中掸去身上灰尘的事情，并分析道："此刻，洪承畴深陷死地，却如此爱惜一件袍子，这样的

人怎么可能会不爱惜自己的性命呢？我觉得，如果您能放低姿态，亲自去招降他，他一定会答应的。"

皇太极闻言恍然大悟，便亲自去见洪承畴，对他嘘寒问暖，见其衣衫单薄，便脱下自己身上的貂裘披在洪承畴的身上。洪承畴感受到皇太极的器重，十分感激，便跪倒在地上投降了。

肢体语言通常会暴露一个人的真实感受和情绪。比如，我们在与对方沟通时，对方的身体处于后仰的状态，这是一种防御性的姿势，意味着对方对我们的话题不感兴趣，或者想要与我们保持距离。如果后仰的动作还伴随着抖腿、玩手指的动作，说明他们与我们相处时感觉有些紧张或不自在，又或许是在等待机会终止这次沟通。反之，如果对方的身体略微前倾、肩膀耸立，甚至轻微歪头，就证明他们对我们的话很感兴趣，想要更好地了解我们的观点。

除了头部以外，人的四肢都能传递出类似的信息，想要读懂对方，我们就要学会识别这些姿势。

眼睛

睁大眼睛，是一种表示惊异的基本反应。眯紧眼睛基本上是遭遇强光或威胁时的自卫反应，但也可能代表着高傲、轻蔑。如果眼睛变得晶莹，则是因泪腺产生润泽之故，但感受又未强到足以落泪的地步，这代表着情绪比较激动。

嘴巴

喜欢将下巴抬高的人，十分骄傲，有优越感，自尊心强，这种人望向你时，常带有否定性的眼光或敌意。唇角后缩，表明对方正在倾听你说话，而且感兴趣。说话或听话时紧咬嘴唇，表示对方在自我谴责、自我解嘲，甚至自我反省。

肩膀

耸肩的基本含义是"不知道""不理解""没办法"或"无可奈何"。缩肩表示不安或惊恐。展肩则是展示自我的存在，威慑对方。

胸部

高高地挺起胸脯的姿势，是在无声地表达自信和得意。但胸脯挺得过高，则又变成了十分傲慢的意思。与挺胸动作相反的，是双臂交叉着横抱在胸前的姿势。这是一种保护自己身体的脆弱部位、隐藏个人情绪及对抗他人侵犯的姿态。这是防卫的信号，甚至带有敌意的暗示。这种姿势，通常也表示否定和拒绝。

背部

背向着对方或转过背去一般可理解为拒绝、不理睬或回避。在某些女性身上，转过背去的动作有暗示男性来说服的意思。打电话时转过背去，有时还用一只手遮着话筒，多半是在谈论带有私密性质的事。背向他人及用背部挡住他人的介入，可以消除自己心理上的不安。

脚

当我们加入其他人的谈话时，如果对方改变姿势，用脚尖朝向我们，就证明对方欢迎我们的加入。但当对方的脚尖依旧朝向别人时，就证明对方认为我们打搅了他们的谈话。在谈判时，当对方的身体坐在椅子前端，脚尖踮起，呈现一种殷切的姿态，这就是积极情绪的表示，意思是愿意合作。这时如果我们善加利用，双方就可能达成互惠的协议。

除此之外，还有一些较为主动的动作，比如，在沟通中，对方下意识地将双方之间的物品移开，如桌子上的水杯、花瓶等遮挡物，这种动作代表着信任和亲近。

当然，这种肢体语言所传递出的信息并不是绝对的，应该作为对专心交谈和倾听的补充，两者互相验证，方能得到我们最想要的答案。

◆ 兴趣爱好反映一个人的性格特点

兴趣爱好属于业余生活之一，普通人通常会在工作、家庭、业余活动三者之间寻求平衡，以满足自己的精神需求。不同于工作和家庭，人们对兴趣爱好拥有自主选择的权利，而这也恰恰更能反映出一个人的性格。

在生活中，每个人多少都会对工作或家庭感到不安与烦恼，而兴趣的确有化解这些苦恼的功能。心理学上将这种烦恼与不安靠其他行为予以消除的现象称为补偿行为。但一个人非常热衷于某项事物，也可能是一种逃避现实的行为。换言之，在这种情况下，工作和家庭都不是自己的世界，唯有兴趣才是满足自己欲望的唯一出路。因此，通过兴趣爱好推断一个人的性格特点，需要避开病态或痴迷的状况，以相对正常的爱好为主。

爱好钓鱼的人，如果他们经常躲在山中或小溪边，独享垂钓之乐，证明他们很可能在工作场所和家庭中无法与人和睦相处，向往孤独的世界。这类人有很大概率存在自闭倾向。如果他们喜欢与陌生人共享垂钓之乐，则说明他们的精神生活极为稳定，只是在积极地靠兴趣来排解日常生活中未获满足的欲望。

爱好读书的人，大多是极有耐心的人，偏爱哪种书籍在某种程度上能具体地反映一个人的性格。比如，喜欢读爱情小说的人相信直觉，生性乐观；喜欢读自传的人好奇心强、谨慎、野心大，在做出决定前，通常会先研究各个选择的利弊及可行性；喜欢读漫画图书的人喜欢玩乐，性格无拘无束，拒绝把生活看得太认真；喜欢读侦探小说的人，喜欢接受思想上的挑战。

爱好表演的人，通常情感细腻丰富，渴望尝试多样角色，以体验百态人生。他们拥有丰富的想象力，能将角色理解得入木三分，表演得栩栩如生。然而，这类人有时过于沉浸于幻想，略显不切实际。

爱好球类运动的人，人际关系融洽，通情达理。尽管偶尔会因脾气急躁与人争执，但他们性格直爽，知错即改，总能迅速与人重修旧好。

爱好下棋的人，在棋盘与牌桌上，他们尽显聪明才智，将对手逼入绝境。他们真正享受的，是这一过程带来的巨大满足感。他们的逻辑思维与分析能力强，能专注投入，成功概率较高。不过，他们有时过于痴迷于某事，忽略了其他。

爱好唱歌的人，个性活泼，难耐寂寞，常外出游玩。他们坦诚直率，对朋友重情重义。

爱好看电影的人，情感波动大，性格内向孤独。他们容易将自己封闭起来，不主动与人交流。心胸略显狭窄，对直接的批评难以接受，甚至会因此与人反目。

爱好旅行的人，性格活泼外向，好奇心旺盛，不断追求变化与刺激。他们人际关系良好，旅游经历丰富了他们的见识，因此广受认可与赞赏。

爱好园艺的人，责任感强，性格稳重，追求循序渐进。他们能为某人某事负责，努力工作以实现心中所愿，享受劳动成果。他们的耐心超乎常人。

爱好高危运动的人，如滑翔、跳伞、登山等，他们外表强健，心思细腻。行事谨慎，事前深思熟虑，深刻理解"三思而后行"。性格固执顽强，一旦决定，便不会轻言放弃，无论困难多大都能承受。他们胆识过人，敢于挑战未知领域。

爱好写作的人，他们对单调平庸的生活嗤之以鼻，总是费尽心思为自己的生活增添一抹激情与色彩。他们拥有非凡的创造力与想象力，对人生、未来抱有崇高的理想。为了实现理想，他们会不懈地付出，努力的程度是常人难以企及的。

爱好摄影的人，他们渴望捕捉生活中的美好瞬间，通过镜头记录下世界的精彩。他们善于观察、善于发现，对色彩和光影有着独特的感受。

人的兴趣种类繁多，不胜枚举。因此，我们以爱好探视人心时可以参考以上分析。一般人在听到有关兴趣的话题时，无论自己有没有这类爱好，都会参与进去做适当的评论。如果某人对某种爱好表示出极端的厌恶，则表明他可能曾受到过某种心灵的创伤。

✦ 如何快速判断一个人不可深交

在人际交往中，我们会遇到形形色色的人，有些人能够成为我们的良师益友，而有些人并不适合深交。如果想避免被这些人影响，我们就要在人群中将他们快速地识别出来。

唐朝时，有一位名叫吕元膺的官员，他酷爱下棋。他在做东都留守时，曾养有一批陪他下棋的门客。他规定，凡是能赢他一盘棋的人，便能获得优厚的待遇。这样的规定吸引了许多棋艺高超的人前来挑战。

有一天，吕元膺与一位门客在后花园凉亭中对弈。两人棋艺相当，杀得难解难分。棋局进入了关键时刻，这时忽然有侍卫送来紧急公文，需要吕元膺立即处理。吕元膺只好暂时放下棋子，拿起公文仔细批阅。而这位门客见状，认为吕元膺此时无暇顾及棋局，便趁机偷偷换了一枚棋子，最终获胜。

吕元膺虽然忙于公务，却并未忽视棋局的变化。他早已察觉到门客的小动作，但并未当场揭穿。次日，吕元膺亲自去拜访门客，婉言拒绝了对方入幕的请求。

多年以后，吕元膺弥留之际，才把儿子、侄子叫到床前，谈起了那次下棋的旧事。他说："他偷换了一枚棋子，对此我并不介意，但由此可见此人心机卑下，不可深交。你们一定要记住这些，交朋友务必慎重。"

中国有句古训:"近朱者赤,近墨者黑。"一个正直、诚信的朋友能够带给我们积极的引导,同时也是对我们行为的一种约束。在他们的熏陶下,我们会不断提升自我,成就更加优秀的自己。如果我们身边的朋友品行不端,即使我们再有定力,长期处在污浊的环境中,难免也会受到他们的影响,以至于开始放纵、堕落。因此,我们要远离那些不值得深交的人。

有恶习的人

黄、赌、毒皆是恶习,一旦沾染,会给我们带来无穷无尽的麻烦。如果我们身边有沾染这些恶习的人,一定要敬而远之,否则我们很容易被他们拖下水。有太多的人都是在这类人的怂恿下,抱着玩一玩的心态,心存侥幸,从而走上不归路的。

此外,一些不务正业、东游西逛的人也在此列,比如流氓、地痞、无赖等。我们虽然不会被这些人拖下水,但与之相交很容易被他们拖累。

自私自利的人

那些只考虑个人利益的人,最易伤害的不是跟他生疏的人,而是和他比较熟悉、比较亲近的人。因为生疏的人本来就和他没有交往,他想跟人家计较是没有条件、没有基础的;而熟悉、亲近的人和他有较多的接触、较多的交往,在接触和交往中,他为了个人利益,会处心积虑、想方设法地占熟人的便宜。为了一点蝇头小利,他甚至不惜背叛朋友。这样的人,如果把他当作朋友,我们便会吃亏上当,给自己带来麻烦。

鸡蛋里挑骨头的人

有一种人，他们无论和什么人打交道、无论做什么事，都能在鸡蛋里挑出骨头。这种人的特点是看什么都不顺眼，看什么都不如意，看别人不是这里有问题，就是那里有毛病，他们能在最完美的东西中发现不完美，他们能在没有问题的地方找出问题，他们能在让人尊敬的人身上发现不能让他们满意的蛛丝马迹。他们表面看来和我们关系不错，但是一转身，马上便会伤害我们。

不懂礼节的人

生活中不可缺少的客套和礼节，正常人都知道且能正确运用。但有一些人由于性格的原因，不会说必要的客气话，做事也往往不得体。说话做事不得体的人，无论是有意还是无意，无论是出于个人原因还是性格原因，都不可作为深入交往的对象。如果与之为友，会给自己带来不必要的麻烦，甚至因此让别人怀疑你的人品，给你带来一定的负面影响。

忘恩负义的人

俗话说："滴水之恩，当涌泉相报。"如果与知恩不报、忘恩负义的人为友，就等于自掘坟墓。比如，我们好心资助对方，却被对方嫌弃资助的力度不够大，反过来埋怨我们。与这类人相交，不仅得不到任何好处，一旦被他们缠上，生活将永无宁日。

很多时候，我们并不是不明白其中的道理，只是无法对一些人的行为作比较理性的判断。但只要我们不交不可交之人，剩下的就是真正的朋友。

第六章

如何把人脉圈变成真正的朋友圈

  如果你想成为一个真正的聪明人,那么就要洞察别人对你是否付出了真感情。要记住,这个世界并不是总充满着温馨怡人的亲情和友情,还有少许时间和场合里充斥着虚伪和欺骗。真诚可贵,但也不要将自己的底细轻易地向人透露,居心不良的人有可能把这些当作击败你的利器。

✦ 真诚，是把人脉变成朋友的第一步

普通的人脉通常以利益为核心，但两个人之间的关系仅凭利益连接并不牢靠。若想让对方真正变成我们的人脉，我们就要尝试用真诚将他们转化为我们的朋友。

小丽刚参加工作时，租住在一间公寓里。由于公寓里没有宽带，她只好蹭隔壁一位小姐姐的网络，而对方也没有在意这种小事，欣然应允。可时间长了，她心里难免有些过意不去，就主动提出承担一半的网费。对方心地善良，见她刚毕业，为了减轻她的压力，只答应让她负担三分之一。

尽管如此，小丽还是觉得亏欠对方，平时买水果的时候经常会多买一些，送给隔壁的小姐姐，而对方也礼尚往来邀请她去家中吃饭。一来二去，两个人就变得熟络起来，经常一起看剧、聊天，成了很好的朋友。

大多数人在面对认识但不熟悉的人时，心中难免会有所警惕，不愿也不敢轻易向对方暴露自己真实的想法和感受。我们若想打破这种阻力，首先就要释放出一种信号，让对方感受到我们的真诚。因此，在人际交往中，我们可以从表情、倾听和行为三个方面来表达自己的

真诚。

相遇时面带微笑

我们在与对方接触时，一定要注意表情管理，这对于表达真诚起着至关重要的作用。无论在路上偶遇，还是和对方聚在一起闲聊，微笑展现的是一种热情而积极的态度，能在无形中拉近彼此的关系，会给对方留下好的印象。

如果是偶遇，我们在对方见到自己的那一刻，不妨将眉毛轻微上扬，这是一种开心和惊喜的表情，很容易让人感到亲近。眉毛上扬的动作要迅速、轻柔，切勿过于用力，一旦牵扯整个头皮，就会给人刻意的感觉。一收一放都要显得自然。

耐心倾听

在沟通中，我们需要注意自己的目光，一定要正视对方，切勿摇头晃脑，左顾右盼。我们在与对方对视时，可以将视线的焦点放在对方身后，或者盯着对方的眉毛，这样的目光会显得坚定有力，能够让对方感受到我们是在认真地倾听和表达。不过，我们要格外注意控制眨眼的次数，眨眼频率过高容易给人一种不自信或撒谎的感觉。

当对方在诉说一件事时，我们要耐心倾听，通过对方的语言努力了解对方的想法，去感受对方的喜怒哀乐。我们不要在意某件事情的对错，最好多站在对方的立场上进行回应。比如，对方做得对，我们便不吝赞美；对方做得有失偏颇，我们也愿意设身处地地去体谅对方的处境和感受。甚至有时候，我们还可以给对方提一些建议，哪怕只是一句鼓励的话，也能让对方感受到我们的诚意。

倾听中最大的忌讳就是不在意，通常是指对方还没说几句话你就打断了对方，或者走神了，又或者仅仅回应一些"这样啊""是吗"等过于应付的话。这些行为是对对方的轻视，会让对方认为我们只是将他们当作闲聊解乏的对象。

当我们开口时，我们要注意自己所说的内容必须真实可信，千万不要有夸大和虚假的内容。一旦我们撒谎被对方察觉，即使我们表现得再真诚也无济于事。想要和对方交朋友，坦诚相待才是最好的方式。

积极帮助对方

在行为上，我们要做到积极帮忙和礼尚往来。当对方有求于我们时，如果只是一些举手之劳的小事，我们不妨向对方伸出援手，并将事情做得尽善尽美；如果对方帮助了我们，我们不仅要当面致谢，还要在事后报答对方这一恩情。在这种人情往来中，我们的关系就会越来越近，而我们的种种行为也是良好品行的体现。

在未来的某一天，对方在与我们沟通时，愿意与我们分享他们生活中真实的一面，敢于袒露自己的烦恼和脆弱，这就意味着他们已经将我们视为值得交心的真朋友。反之亦然，我们也可以在时机成熟时，向对方敞开心扉，聊一聊理想和烦恼，聊一聊成长的迷茫和坚定，这些话题全都蕴藏着真情实感，唯有真正的朋友才会毫不避讳地谈及这些话题。当我们做到这一点时，就等同于释放出将对方视为真心朋友的信号，这种真诚势必会打动对方。

锦上添花只是点缀，雪中送炭才是真实惠

在人际交往中，人情往来必不可少。大多数人习惯于在他人风光的时候去锦上添花，殊不知，在他人危难之际雪中送炭更容易赢得对方的友谊。

国难时期，钱锺书和妻子杨绛居住在上海"孤岛"，日子过得捉襟见肘。当时，二人虽小有名气，却没有多少人愿意出版他们的小说和学术文稿。黄佐临导演在了解到二人的困境后，主动找到钱锺书，买下了杨绛的《称心如意》和《弄假成真》两部作品，并当面支付了稿费。而这些钱也让夫妻二人的生活有所好转。

多年以后，钱锺书因《围城》一书声名大噪，登门拜访的人络绎不绝。其中有很多导演希望能将《围城》拍成影视剧，但钱锺书都婉言拒绝了，表示自己的作品难登荧幕，这让很多导演感到无奈。

后来，一位名叫黄蜀芹的导演打算拍摄《围城》，想要拜访钱锺书夫妇。可当时，钱锺书夫妇已经不再接受任何访客，黄蜀芹只好请钱锺书的挚友柯灵帮忙引荐。黄蜀芹见到钱锺书后有些紧张，不料钱锺书直接将《围城》的改编权授予了她，原来黄蜀芹正是黄佐临导演的女儿。后来，在拍摄过程中，钱锺书夫妇一直写信鼓励黄蜀芹，并

将她视为自己的晚辈，亲切地称呼她为"蜀芹贤侄女"。

　　锦上添花和雪中送炭同样是对别人的帮助，但两者最大的区别就在于适用情境不同。"锦上添花"象征着在别人风光的时候为他们再添光彩，而"雪中送炭"则是指在别人最需要帮助的时候伸出援手。在对方深陷困境时提供的帮助尤为珍贵，会给对方留下深刻的印象。

　　在心理学上，锦上添花和雪中送炭所产生的心理效应通常遵循边际递减规律，即同样的事物所带来的满足感或效益会随着数量的增加而逐渐减少。因此，相同分量的帮助在不同的情境下产生的效果有着天壤之别。当他人生活顺遂时，再大的帮助也难以凸显其价值；而在对方陷入困境时，再小的帮助也能深深触动其心灵，让对方对我们充满感激，进而建立起深厚的友情。

　　古人云："滴水之恩，当涌泉相报。"为何古人会发出这样的感慨？究其根源，我们眼中一些微不足道的帮助对身处绝境的人而言可能就是救命稻草。《水浒传》中宋江能广受英雄豪杰的尊敬，被誉为"及时雨"，就是因为他总能够在别人最需要帮助的时候伸出援手。

　　正所谓"患难见真情"，在他人陷入困境时，我们的每一分帮助都显得尤为珍贵。同时，在逆境中，人的心灵最为脆弱，也最需要关怀。此时，哪怕只是一句简单的鼓励、一个温暖的拥抱，都能让人感动不已、铭记终生。人生路上，谁都会遇到难关，此时如果有人愿意雪中送炭，那么这份情谊不仅会让人倍感温暖，更会让人铭记于心，期待将来有机会回报这份恩情。

　　因此，真正的帮助往往不在于我们给予了多少物质上的支持，而在于我们是否能在他人最需要的时候，给予他们最及时的关怀与帮助。

这样的帮助才能让人心生感激、铭记于心。

在人际交往中，面对他人的困境，我们应当毫不犹豫地伸出援手，与他们共渡难关。我们要时刻保持同情心和怜悯心，心中常怀与他人同呼吸、共命运的情怀，成为那个在危难时刻挺身而出的"及时雨"。这样我们才能逐步构建起广泛而深厚的人际关系网。

在《宫锁珠帘》这部戏中，当雍正皇帝还没有与怜儿相见时，怜儿不过是个寻常女子。可是，在怜儿遭到其他宫女的排挤和欺压之时，在宫里久居多年的苏公公总是暗地里给她打气。

一次怜儿为救云嫔要冲进火场，苏公公极力阻挡她，然后自己奋不顾身地冲了进去，冒着生命危险救出了云嫔。苏公公对怜儿的照顾可谓出自真心实意，只要怜儿落入危难中，他永远是站在怜儿身边的支柱。

后来，怜儿升为贵妃，苏公公当然成了她的心腹。

真心实意地帮助他人，关键在于在他们最危急的时刻给予雪中送炭般的支持。这样的举动能够深刻触动人心，让对方将我们视为生命中不可或缺的挚友。记住，真正的友谊往往是在风雨同舟中铸就的，是在对方最需要时伸出那双温暖的手。如此，我们不仅收获了友谊，更赢得了人生的宝贵财富。

重视弱连接，泛泛之交也会给我们带来惊喜

俗话说："多个朋友多条路。"可在现实生活中，大多数人还是更愿意花时间和精力去维系老朋友，并不在意身边的泛泛之交。但有时候，这些既熟悉又陌生的人往往会给予我们意想不到的帮助。

阿海开了一家牙科诊所，有一段时间急需口腔医生，但前来应聘的人都令他不太满意。有一天，他下班回家的路上偶遇了楼上的邻居，在与对方闲聊时，他随口提到了这件令他颇为头痛的事情，没想到对方竟为自己推荐了一位朋友。第二天，邻居带着朋友登门拜访，一番了解过后，阿海发现对方非常符合自己的要求，便将对方留了下来。

从古至今，人一直生活在错综复杂的社会关系网络之中，而根据人际交往的频繁程度，我们可以将人与人之间的关系分为"强连接"和"弱连接"。"强连接"通常指的是我们的亲人、挚友及亲密的伙伴；而"弱连接"指的是泛泛之交，比如经常在电梯里遇到的邻居、微信中从不联系的好友，等等。

在"强连接"中，由于与我们关系比较亲密，因此，这个小团体中的个体在认知层次上往往相近，会相处得非常舒适。同时，双方的

信任程度很高，能毫无保留地互换资源。但是，这种相近也会带来一个弊端，那就是这个圈子通常比较小，我们长期处于这个圈子中，很难了解到圈子以外的信息。

"弱连接"则恰恰相反，这个团体中的个体往往分布在各个行业、各个阶层，他们能够为我们带来一些新颖的知识，促使我们进行新的尝试，甚至为我们带来全新的机遇。

美国知名社会学家马克·格兰诺维特曾开展过一项实验，他在波士顿郊区选取了282名职场人士作为样本，并深入访问了其中的100人。这次访问揭示了一个有趣的现象：在这100名受访者中，有54人是通过个人的人脉找到工作的，这一数字超过了通过正规渠道求职的人数。更令人意想不到的是，这些凭借人脉找到工作的人很多都是依靠那些仅有一面之缘的泛泛之交，或是通过朋友的朋友这样的"弱连接"关系而成功获得工作机会的。这一实验足以证明"弱连接"的重要性。

因此，我们在维系好那些亲密无间的强连接关系的同时，也不能忽略那些较为疏远的"弱连接"关系。也许将来的某一天，这些"弱连接"就会给我们带来意想不到的惊喜与收获。

若想要挖掘并掌握身边的"弱连接"力量，我们只需要投入少量的社交时间和精力，并从以下三个方面入手。

主动拓宽社交圈

我们可以积极地去拓展自己的社交领域，不要仅仅局限于已有的亲密朋友。比如，参加各类社交活动、行业交流会等，这些场合都是结识新朋友、建立弱连接的好机会。不过需要注意的是，我们在交往过程中，要保持真诚与热情，让对方感受到我们的善意与尊重。这样，当我们需要帮助或建议时，这些弱连接或许就能派上用场。

接触更多的陌生人

我们可以将自己置身于公开的场景中，多与陌生人或泛泛之交进行交流。比如，在公园散步时，与路过的行人进行眼神交流，甚至简单地微笑点头。如果有人停下脚步，我们可以主动上前攀谈，这样的互动虽然简短，却能在不经意间建立起新的连接。又或者在遛狗时，与其他狗主人谈论宠物的趣事，分享养狗的经验，甚至相约一起遛狗。

在附近的咖啡店中，我们可以试着与店员或常客打招呼，甚至可以主动提出帮他们分担一些小事，如拿取餐具、整理桌面等。这些细微的举动能让他们感受到我们的友好与热情，从而愿意与我们建立更深的联系。或者，在书店或市场等人群聚集的地方，我们可以主动参与一些讨论或活动，如新书发布会、市场促销等。在这些场合，我们很容易遇到志同道合的人，与他们分享自己的观点和见解。充分利用这些场景中的机会，主动出击，用真诚和热情去感染周围的人，每一次的互动都可能成为建立新连接的起点。

利用现有的人脉资源

我们可以充分利用现有的人脉资源。比如，时常与那些只有一面之缘的朋友保持联系，哪怕只是偶尔的闲聊或分享生活。这样既能让双方的关系更加紧密，也能在关键时刻从他们那里获得支持或建议。同时，也不要忽略那些通过朋友介绍认识的人，他们或许能为我们带来新的机遇。

✦ 做个有趣的人，让你在圈子里更受欢迎

大多数人在谈及交朋友的标准时，往往都会提到一个特质：有趣。因为与一个有趣的人相处，生活会增添很多乐趣。而我们若想在圈子里更受大家的欢迎，那就不妨尝试去做一个有趣的人。

画家黄永玉是一个"老顽童"，他平时经常一边构思画作，一边给朋友们讲笑话，等到朋友们笑得前仰后合的时候，他却突然打住，转而开始专心作画，让朋友们措手不及。更有意思的是，他还喜欢在画作的名字上恶搞，比如，画了一只鹦鹉，取名为"鸟是好鸟，就是话多"；画了一只母鸡，取名为"生个蛋犯得着这么大喊大叫吗"。这般命名，让人不禁捧腹。

尽管大家都笑称黄永玉是"老顽童"，他却并不喜欢这个外号。有人曾经问过黄永玉："黄先生，再过五十年、一百年，当人们谈起黄永玉的时候，你希望他们怎样评价您呢？"黄永玉眨眨眼，给出了一个令人意外的答案："这个混蛋！"可也正是这份洒脱和幽默，让黄永玉获得了很多人的喜爱。

英国作家奥斯卡·王尔德说过："好看的皮囊太多，有趣的灵魂太少。"无论在职场上，还是在生活中，有趣的人注定是一个受欢迎

的人。不过，有趣并不等于滑稽，而是通过言语和行为上故意营造反差感，来达到幽默的效果。

大家之所以觉得黄永玉这个人有趣，关键就在于他为人们提供了一个独特的视角。通常画家在给画作取名时会力求精准和简洁，而黄永玉取的名字要复杂得多。再加上画中的事物都是大家比较了解的，如"鹦鹉会学人说话""母鸡会下蛋"，他却将这些描述为鹦鹉"话多"、母鸡"事多"，给人一种反差感，让人忍俊不禁。

其实，生活中那些善于"接梗"的人，都有独特的视角。比如，当我们在对方面前不小心摔倒时，他们也许会说："这么早就拜年？"当我们在对方面前忍不住放了个响屁时，他们也许会说："哎，听口音不像本地人啊？"这就是将两个常见的场景联系在一起所形成的反差感。

有趣的人除了拥有独特的视角这种特质外，可能还有幽默的表达、非常规的行为及多面体等特质。而我们若想成为一个有趣的人，则需要从以下三个方面入手，加强锻炼。

幽默的表达

"哪里哪里，我的聪明只是不明显，得用显微镜才能看出来！"——反转式幽默

"天啊，你比百度还厉害，我得赶紧把你收藏起来，以后省得搜百度了！"——调侃式幽默

"你问的问题太难了，我得给小学老师打个电话问问！"——扮傻式幽默

"你这手镯简直闪瞎了我的眼。"——夸张式幽默

> "你怎么这么漂亮？是本人吗？"——反问式幽默
>
> "老天太偏心了，怎么能把所有优点都集中在你一个人身上呢？"——赞美式幽默

一个有趣的人必定是懂得开玩笑的人，他们除了能开别人的玩笑，还懂得"自黑"，拿自己开涮。不过需要注意的是，无论是开别人玩笑，还是开自己玩笑，都要把握分寸，不能走向极端，否则就会冒犯别人，而"自黑"也会变成发泄不满。

此外，幽默的表达还包括讲故事的技巧。很多人喜欢听东北人讲话，认为他们说话非常有意思，这是因为东北人无论讲述自己的经历还是身边人的故事，总能讲得绘声绘色、引人入胜。而其中的要点就在于通过语气、语言、动作来区分角色，宛如表演一场大戏。

非常规的行为

一些有趣的人即使不说话也会让人觉得有趣，这是因为他们经常做出一个非常规的行为。所谓"非常规行为"，指的就是出其不意。比如，默剧表演大师卓别林的电影能将人逗得捧腹大笑，靠的就是一些出其不意的行为，如突然跌倒或帽子掉落等。

此外，一些与自身形象不符的行为也能达到这种效果。比如，民国时期，收藏家张伯驹看上了一件文物，想买下来，就将这件事告诉了老婆潘素，可潘素不给他钱。张伯驹见状立即躺在地上撒泼打滚，让潘素既开心又无奈。一个成年人居然会使小孩子的手段，这就是反差。

多面体

多面体，指的就是曾经在网络上大火的"斜杠青年"，我们若对

多个领域或专业都有所研究，能在沟通中提出独到的见解，或者拥有丰富多彩的兴趣爱好，就容易营造出反差。因为多面体能打破对方对我们的常规印象，给对方一种意外的感觉。比如，一个平时不苟言笑的人能说脱口秀。

想要成为有趣的人，除了这些技巧外，最重要的是保持乐观豁达的心态。只有这样，我们才能真正摆脱患得患失的心境，成为一个有趣的人。

✦ 制订双赢方案，让别人帮助你

在人际交往中，人们往往习惯于追求个人利益的最大化，而忽视与他人合作、实现共赢的潜在机会。其实，相较于竞争，双赢的方案不仅有助于提升个体的竞争力，还能促进双方的共同发展。

唐朝时，郭子仪和李光弼在朔方节度使安思顺麾下担任牙门都将，二人关系很差，即使在同一张桌子上吃饭，彼此之间也不会说一句话。后来，"安史之乱"爆发，郭子仪接任朔方节度使，李光弼担心对方徇私报复，一直惴惴不安。不久，唐玄宗下诏，命郭子仪讨伐逆贼。李光弼主动拜会郭子仪，说道："我情愿一死，希望你能放过我的妻儿。"郭子仪当即扶起李光弼，泪流满面地说道："如今国家遭逢乱世，连皇帝都在避难。若没有你的协助，我又怎么能出兵攻打逆贼呢？现在哪里是心怀私怨的时候啊！"一番话让二人尽释前嫌，成了推心置腹的好友。在郭子仪的举荐下，李光弼成为河东节度副使，二人在"安史之乱"中精诚合作，成功平定了叛乱。

双赢，简单来说就是两个人在交往中都能得到好处，都能感受到成长和快乐。它不是一方在牺牲或妥协，而是双方在共同努力和成就。比如，我们和好友一起制订了一个健身计划，互相监督、互相鼓励，最后我们都收获了健康的身体和满满的成就感。或者我们一起参加了一个兴趣小组，共同学习、共同进步，不仅拓宽了视野，还加深了友谊。

想要实现双赢，我们首先要树立三个意识。

第一，诚信。它是建立在明确的是非观之上的。我们应以诚信为核心来指导行动，坚守承诺，逐步培养出坚定的自我意识和独立意志。诚信，是我们人格魅力的基石。

第二，成熟。它体现在敢作敢为与善解人意之间的微妙平衡。成熟意味着在表达自己的同时，也能理解和尊重他人的想法和感受。这种能力是人际交往、管理和领导力的核心所在。敢作敢为而不失善解人意，正是成熟的重要标志。一个成熟的人，懂得倾听，善于沟通，勇于面对挑战。

第三，我们相信世界是正和博弈，相信通过合作能够创造出更大的价值。因此，我们乐于与人携手，共同开启无限的可能，充分发挥创造力，让未来更加美好。

运用双赢思维是构筑良好人际关系的基石。在互惠互利的原则下，双方都能在交往过程中各取所得，这样的关系才能持久而健康。

考虑他人的利益

在追求个人利益的同时，我们也应兼顾他人的利益，切勿成为一个自私自利的人。若凡事只从自己的角度出发，无视他人的权益，长此以往，我们将失去他人的信任与友谊，最终陷入孤立无援的境地。

化竞争为合作

我们应当注重合作，而非一味竞争。不要总是将他人视为对手，而应思考如何将他们转化为自己的盟友。正如老话所说，多一个朋友总比多一个敌人好。通过携手合作，我们能够共同创造更大的价值，实现共赢的局面。

不要为了他人而委屈自己

在人际交往中，过度为别人着想而忽视自己的感受，这种行为看似高尚，实则并不明智。他人可能会觉得这样的付出是理所当然的，甚至贬低我们的价值。当我们一直默默付出，没有提出自己的需求时，别人可能会认为我们无欲无求，从而忽视我们的存在。

真正健康的人际交往，应该是建立在礼尚往来的基础上的。付出与收获应该是平衡的，这样才能确保关系的持久。所以我们在为他人着想的同时，也要关注自己的需求和感受，确保我们的付出能够得到应有的回报和尊重。

✦ 别太功利，好的关系需要耐心维系

在人际交往中，很多人都会陷入一个误区：既然双方已经建立了友谊，就不必再花心思去维系彼此的关系了。可事实上，任何关系想要长久都需要去维系，否则再好的关系也会逐渐变得疏远，直至走向尽头。

阿乐在筹备婚礼时，突然想起了自己的一位同学，便拨通了对方的电话，两人一番寒暄过后，阿乐顺势邀请对方来参加自己的婚礼，对方倍感意外，但还是承诺自己有空一定会参加。后来，对方因在外地出差无法到场，通过电话向阿乐致歉，同时，也没忘奉上礼金。阿乐并未将此事放在心上，双方也并未再联系。

半年后，阿乐的父亲生病了，碰巧这位同学在医院工作，他便又联系到对方，希望对方能帮忙预约一下医院的专家门诊。可不知为何，这一次对方却婉言拒绝，并以工作太忙为由，挂断了电话。

在人际交往中，"临时热情"是一大忌讳。我们若是只在需要他人时才表现出极大的热情，而平时对他人表现得十分冷淡，甚至是无视，这种做法往往缺乏最基本的真诚和尊重，会令对方感到心寒，不利于双方情谊的持续发展。

中国有句俗语："有事钟无艳，无事夏迎春。"它讲的是战国时期关于齐宣王的故事：

相传，齐国有一个丑女，名为钟无艳，相貌丑陋却德才兼备。她见齐宣王只知贪图享乐，便冒死进宫劝谏。齐宣王闻言如遭当头棒喝，当即决定采纳她的建议，同时还将她立为王后。彼时，齐宣王还有一位妃子，名为夏迎春，长得身段婀娜、姿容极美。齐宣王只有在遇到麻烦的时候才会想到钟无艳，平日里总是和夏迎春一起饮酒作乐，让钟无艳颇为心寒。因此，后世便有了"有事钟无艳，无事夏迎春"的俗语，以此讽刺那些见风使舵、自私功利的人。

其实，这种现象在生活中并不少见。比如，失联已久的同学千方百计找到我们的电话，邀请我们参加婚礼；久不联系的朋友突然请我们帮忙，等等。而我们作为当事人在面对这种情况时，虽然表面上风轻云淡，内心必定对这种行为厌恶不已。哪怕对方并未提起任何请求，只是想单纯地联络感情，我们也会心生警惕，怀疑对方有所图谋。之所以会出现这种情况，是因为彼此之间的关系没有得到很好的维系。

每一段关系的建立和维系，都需要我们投入一定的心思和精力，哪怕是再牢固的情谊，随着时间的流逝，也会变得越来越淡薄。大多数人都会有一种错觉，身边的人会永远陪伴在自己左右，根本无须刻意联系，这导致他们总是被动地应对每一段关系。别人主动联系他们，他们便与别人交流。如果没有人联系自己，他们也不会主动去联系别人。随着各自生活圈子的变化，许多关系因缺乏沟通而悄然淡化，直至消失。与此同时，新的关系也难以建立。在这个复杂多变的世界里，找到志同道合、真心相待的人愈发困难。

为了弥补这一遗憾，他们尝试改变，主动与旧友联系，但遗憾的是，那些逝去的时光与情感已无法重现。人们逐渐会意识到，有些人，一旦错过，便再也无法挽回。

在人生的旅途中，我们会遇到许多人，也会失去许多人，这是无法避免的事实。但请记住，世界上没有永恒不变的关系，只有不断经营与珍惜，才能让情感之树常青。人心是相互的，感情在彼此的关怀与付出中逐渐变得深厚。真正的情谊是在日积月累中形成的，它需要我们用心去呵护、去维系。

所以，趁现在还来得及，多关心身边的朋友吧。一句简单的问候、一次周末的小聚，都足以让彼此的心更加贴近。让我们珍惜每一段关系，让情感在岁月的长河中熠熠生辉。

✦ 不自私，越分享越幸运

哈佛教授霍华德·加德纳曾经告诉学生："想让自己的心灵照进阳光，先要打开一条对外的缝隙。"心里充满了爱，我们就会想到分享，而且一定会收获分享的快乐。如果一个人总是抱怨自己不得志，但又不愿与他人分享自己的得失，那么，他终会自食其自私的苦果。

有两个非常要好的朋友，他们决定一起去遥远的矿山淘金。两个人背上行囊，风尘仆仆地上了路。途中，他们遇见一位白发苍苍的智者。

智者看到两人如此艰辛，就告诉他们："这里距离矿山还有几天的路程，在你们出发前，我要送你们一件礼物！你们可以一个人先许愿，他的愿望就会立刻实现；而第二个人就会得到那个愿望的两倍！"

这时，一个人心里得意地想着："我一定不能先说出来！如果我先说，可就吃亏了，他就会得到双倍的礼物！"而另外一个人也在暗自思忖："我怎么可以先说，而让他获得两倍的礼物呢？"于是这两个人不停地推来推去，谁也不愿先说出口，最后他们都不耐烦了，其中一个大声嚷道："你再不快点许愿，小心我打断你的胳膊！"

另一个人没有想到他的朋友居然如此恶毒，竟要打断他的胳膊，就想："既然他这样无情，就别怪我无义！我得不到的东西，谁也别想得到！"于是，他干脆把心一横，狠狠地说："好吧，我先说。我希望——

我的一只耳朵——聋掉！"很快，他的一只耳朵就聋掉了，而他的好朋友的两只耳朵也立刻聋掉了。

原本可以得到一份非常美好的礼物，但是自私与狭隘左右了他们的心思，所以美好的愿望变成了诅咒，亲密的朋友变成了仇人，一件本可以双赢的事变成了"双输"。

极端自私的人会害怕自己努力得到的东西白白让别人知道或分享，害怕别人踩在自己的肩膀上超越了自己，这种心理导致他们心胸狭隘，从而陷入孤独的境地，结果无异于自毁。要知道，能成就大事的都是不念一己之私、胸怀坦荡的君子。自私的人要试着把自己心爱的东西与他人分享，分享也会使你尝到无私的滋味，使你的人生更加完美！

位于美国西部的芝加哥电力分公司，会计部每个月都要做细密而且复杂的员工薪金计算。会计部一位资深的老职员根据多年的经验，总结出一套非常简便的薪金计算方法。

但是，对于这项新发明的方法，他一直是保密的，绝不透露给其他人。他这样做的目的就是保持在公司不可或缺的位置。

沃鲁达·基路德毕业后进入这家公司，他得知这位资深老同事的保密事件后，就利用业余时间研究，终于掌握了简易计算薪酬的技巧。然而，他并没有像那位老职员那样，把这一方法据为己有，而是告诉了同事和公司。他的分享使得他代替了那个老职员，得到了上司的器重。

当奥玛哈分公司的经理职位需要人时，最高管理层把职位交给了年轻的基路德。这是他事业生涯的重要一步。在以后的日子里，他步步高升，40岁时就担任了美国电报电话公司的董事长。

一位哲人说:"与人分享一个苹果只得半个苹果,与人分享一种思想便得两种思想,而与对手分享快乐将得到两倍的快乐。"孟子有云:"独乐乐不如众乐乐。"说的也是这个道理。

当你快乐的时候,如果这快乐没有人分享,你就会感到缺憾。譬如说,你独自享用一顿美餐,无论这美餐多么丰盛,你也会觉得有点凄凉而乏味。如果餐桌旁还坐着你的亲朋好友,情形就大不一样了。同样,你看到了一种极美丽的景色,而且唯有你一人看到,但是不准你告诉任何人,这不寻常的经历不但不能使你满足,还会让你痛苦。

无论信息、金钱或工作机会,懂得分享的人,最终往往可以获得更多。他的气场是健康开放的明亮色,有着芬芳诱人的味道。所有的人都愿意与他在一起,他自己的机会也就越来越多。

以微软来说,视窗操作系统的火爆,让微软大赚了一笔,但实际上,微软与所有硬件厂商和软件厂商分享着视窗操作系统火爆的商机。现在,很多硬件厂商的产品都支持微软的所有操作系统和软件,所有的软件厂商的产品也能在微软的操作系统中运行,这就是微软分享精神的结果。

分享可以使我们拥有更多。在生活中,我们要乐意与别人分享,分享快乐,分享亲情,分享成功,分享喜悦……你把自己的幸福拿出来与别人分享,不但可以体会到分享的乐趣,还能体验到友情,犹如得到了双倍的幸福。

✦ 势均力敌的关系才能长久

在生活中，不管是友情、爱情，还是生意上的合作，我们都希望彼此的关系能够稳定、长久地发展下去。然而，想要做到这一点并不容易，仅凭真诚相待、频繁交往是远远不够的，关键在于双方始终能保持一种势均力敌的状态。

2016年，比尔·盖茨在网站上发表了一篇文章，以此来纪念自己与沃伦·巴菲特相识25周年。在盖茨的回忆中，他最初并不喜欢巴菲特，认为对方只不过是一个炒股的，他们之间根本就没什么可聊的，但在母亲的劝说下，他最终决定和巴菲特见上一面。

在一间度假屋内，盖茨第一次见到了巴菲特，两人略微寒暄之后就开始讨论起了软件行业的问题。在盖茨看来，巴菲特提出的问题十分深刻，让他兴趣大增，两人不知不觉间聊了几个小时。

盖茨通过这次会面见识到了巴菲特的独特之处，两人的友谊也就此建立，并持续了几十年。每当盖茨遇到难题时，都会请教巴菲特，而巴菲特的看法往往能让他茅塞顿开。

在任何关系中，双方实力的悬殊都难免会导致冲突和矛盾，也就是所谓的"合不来"，即双方在物质或精神层面存在很大差距。

再看朋友和同事。在交往时，我们彼此势均力敌，无话不谈。如果在接下来的数年里，他们都在不断攀升，而我们却原地踏步，甚至日渐颓靡，他们难免会逐渐疏远我们。设身处地地想，如果面对一个不思进取的朋友或同事，我们或许也会不自觉地与之保持距离。

至于客户和合伙人，起初我们能携手合作，皆因彼此价值对等、势均力敌。但数年之后，客户日益壮大，合伙人持续提升实力，而我们却未能跟上对方的步伐，对方自然会更倾向于与那些不断进步、能带来更大价值的伙伴合作。

因此，人与人之间的和谐共处，并非单纯源于情感的深厚或性格的契合，更多的是因为双方在财富、能力、资源或智慧等方面达到了某种平衡。这种平衡就像一座天平，天平两端分别放置着双方的实力。只有双方实力相当，天平才能保持平稳，人际关系也才能因此而和谐。反之，如果双方实力悬殊，天平就会失衡，人际关系也就难以长久维持。就像两个人下棋一样，只有在两个人的实力差不多时，棋局才更有意思，若实力悬殊，棋下起来就会索然无味。

良好的友情不仅仅是彼此有说有笑、有共同话题那么简单，假如我们不清楚自己该为朋友做些什么，那么这段感情迟早会因为我们的"不重视"而消失。常想想"我能为别人做些什么？"努力做一个对别人有价值的人，关系才能维持下去。那么，具体如何维系互利的关系呢？

帮能帮的忙

当别人需要帮助的时候，如果你有能力，应适时提供帮助。帮助别人不仅限于物质方面，你的经验、信息、知识、经验，以及情感，都可能是对方需要的。所以，这需要我们注意平时的积累，增长自己的知识、技能，累积自己的经验。越是优秀的人，越容易被别人需要。

选择时机

古希腊哲学家德谟克利特说："哪怕是很小的恩惠，如果及时实施，对受惠的人也会产生很大的价值。"这句话的意思是，帮助别人也要选择准确的时机，才能更好地发挥帮助的效用。比如，雪中送炭远比锦上添花更有价值。

别欠人太多，也别施人太多

如果一个人对朋友依赖性太强，一点小事都找人帮忙，就很容易令人害怕，让人不敢招惹。如果一个人古道热肠，不管对方是否接受，都孜孜不倦地奉献自己的"爱心"，也会让人感觉亏欠你太多而想要逃离。好的关系是不远不近，有所保留。

第七章

避坑，不得不防的关系陷阱

世事复杂，人心难测。张扬的人未必险恶，最难对付的是外表柔弱的奸诈之人，因为他容易让我们因疏忽而遭到算计。特别是那些口口声声以你的利益为重的人，他们看似和你走得很近，其实心与你的距离很远。

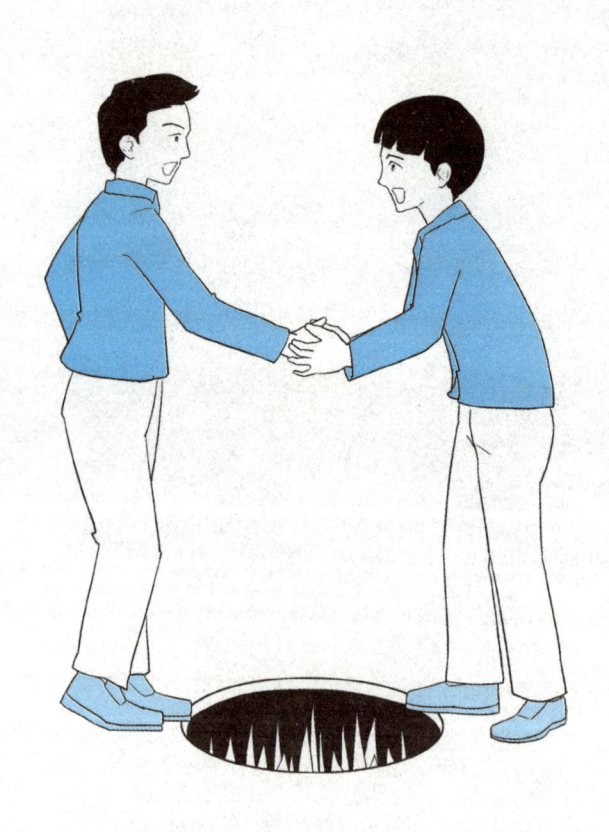

✦ 与同事的关系不要"太铁"

在职场上，追求工作业绩，希望赢得上司的好感，获得升迁，以及其他种种利害冲突，使得同事间存在着竞争关系。而这种竞争在很大程度上掺杂了个人情感、好恶、与上司的关系等复杂因素。表面上大家同心同德、和和气气，内心里却可能各打各的算盘。利害关系导致同事之间可能同舟共济，也可能各自想各自的心事，因此关系免不了紧张。

既为同事，几乎天天在一起工作，低头不见抬头见，相互会有各种各样鸡毛蒜皮的事情发生。各人的性格、脾气禀性、优点和缺点也暴露了出来。每个人行为上的缺点和性格上的弱点暴露得多了，很容易引发各种各样的矛盾和冲突。这种矛盾和冲突有些是表面的，有些是背地里的；有些是公开的，有些是隐蔽的；有些是表现于外的，有些是潜伏于内的。种种不愉快交织在一起，便会引发各种矛盾。

同事之间分工合作，但事情如何处理，每个人都会有一些自己的想法。合适与否，对公司的发展、对每个人的利益会有什么影响，很多人都有自己的一本账。别人的见解、处理方法，很多人都会拿来与自己的做比较，一旦认为别人的水平超过自己、处理事情的能力胜过自己，就会不服气。例如，某人干得很出色，获得了上司的肯定与看重，这就会令他人产生嫉妒之心，尽管许多人意识不到这是嫉妒。

由于上述种种原因，人们往往对同事存有戒备之心。"逢人只说三分话，不可全抛一片心"的戒条在同事关系上能得到淋漓尽致的体现。大家都戴上一副面具去对待自己的同事，使得同事之间往往说套话，而难得听到直话、真话。人们往往在同事面前摆出一副表面和气的面孔，掩盖自己的各种弱点，掩盖自己真实的东西。

最重要的一点是，同事之间的关系太"铁"，还容易在某些事情上感情用事，从而犯下错误。同事之间关系好是好事，但也要有个界线、有个分寸。

✦ 再亲近的朋友也应注意分寸

做任何事情都过犹不及,要把握好做事的分寸,只有摆正自己的位置,不盛气凌人才能使自己被认可。有的人虽然向你表示尊敬,但并不代表他可以容忍你的过错和你的冒失。所以对待别人应该礼貌有加,不侵犯别人的隐私,不该做的不做,不该问的不问,这样才能避免引火上身。

伊丽莎白一世是英国历史上著名的女王,她在位期间,励精图治,使英国从一个四分五裂的弱国一跃成为世界强国。

她有一名宠臣,名叫罗伯特·德弗罗。罗伯特长得十分英俊,有着棕色的头发、黑黑的眼睛、颀长的身材。他进宫时非常年轻,深得女王的宠爱,在很短的时间内,一跃成为女王面前最吃香的人物之一,女王甚至深深地爱上了他。有一天早上10点钟,他来到王宫,那正是女王梳妆打扮的时间,门口的侍女告诉他,女王正在梳妆,不宜觐见。罗伯特恃宠而骄,他想什么时候见女王就要什么时候见到女王,于是不待通报,不顾侍女的劝阻,径直闯进了女王的居室。

这时伊丽莎白女王刚从床上起来,几个被允许参加女王最隐秘的梳妆仪式的宫女正围在女王的身边忙着。罗伯特的突然到来使女王大吃一惊。

一个迟暮之年的女性，在这种时候是不愿让一个年轻的爱慕者看见自己的，罗伯特却闯了进去。他自己也吃了一惊，几乎认不出女王了。此刻的伊丽莎白除了女王的威严以外，几乎没有一点动人之处，灰白的头发披散在脸颊两旁，眼角和额头上有了一些皱纹，双颊没有胭脂，眼睛的周围也没有油彩，平日那种耀人的奕奕神采荡然无存。她看见罗伯特进来，虽然心中吃惊恼怒，但还是不动声色地把手伸给他吻，并对他说，稍后就会见他。

罗伯特扬扬得意，以为女王对他百依百顺，可是他失算了。后来，罗伯特在镇压爱尔兰反叛时，作战不力，被女王撤职并软禁起来。罗伯特一下子从座上宾变成了被软禁的囚徒。

就在罗伯特被软禁后不久，即发生了苏格兰叛乱事件，伊丽莎白女王费尽心思才平息了这场叛乱。之后，她迁怒于罗伯特，将他判处死刑。1601年2月的一天，罗伯特穿着黑色的囚服，从伦敦塔的监牢里出来，走向恺撒塔上的断头台。

伊丽莎白女王斩杀罗伯特·德弗罗这一轶事，多少带有一点宫闱秘闻的色彩，尽管如此，这仍然给了我们一些启示。人与人的交往要格外注意分寸，切忌自认为与他人关系非同一般做起事来便忘了尺度。尤其是与有层次差异的人交往时更要懂得"不越雷池"，这样双方相处起来才能皆大欢喜。

✦ 交友宜精不宜多

　　交友是提高人气的重要方式之一，但是朋友也不是交得越多越好。

　　朋友大致可以分为三类：第一类是工作朋友，即由于工作原因而结识的朋友，如同事、客户等；第二类是生活朋友，即以前在学校或生活中结识的朋友；第三类就是一般性的"点头"朋友。前两类朋友都应有个限度，否则就会变成第三类朋友。滥交朋友势必会导致没有真正的朋友。

　　我们交朋友的目的有两个：一是让生活充实、丰富，能在工作之余有人一起娱乐、一起聊天；二是有利于工作，希望在工作上得到朋友的帮助。很显然，朋友太多就不可能有充足时间去了解、交流，也就不可能建立真正的友谊。如果朋友之间没有一定的感情基础，那么就很难谈得上互相帮忙。所以，生意场上认识的人多未必就好办事。没有一定的交往基础，别人肯定不会帮你，除非你自己有权有势，别人帮你是想得到回报。所以，能结识一些相互欣赏、有情有义的工作朋友才是最好的。

　　滥交朋友的人会给人一种缺乏原则的感觉。如果你以认识的朋友多为荣，那你肯定会主动接触各种各样的人，只要有机会，你就会热情结识。其实人际交往中最忌讳大献殷勤，不卑不亢才是交际的首要原则。如果抛弃自尊去讨好别人，肯定得不到别人的尊重。而且一般以交友多为荣的人都希望结识更多有钱有势的风云人物,而这些风云人物最看不起故意讨好别人的人,因为他们见得最多的就是这种人。所以滥交朋友的人往往会失去自我,让人瞧不起,往往也缺少真正的朋友。

和朋友建立深厚的友谊需要各种努力,即使你们是青梅竹马,几年不联系也可能形同陌路。因为社会在变,人也在变,不经常交流肯定会产生隔阂。而喜欢滥交朋友的人意识不到友谊需要细心栽培,他们把朋友当作稻穗一样,以为认识了就像把稻穗捡回家里,以后想用就可以随时用。建立友谊需要不断地付出,朋友间的友谊就像爱情一样,是个空盒子,你得倾注关心、帮助、理解,然后才能得到关心、帮助、理解。滥交朋友的人是不可能不断付出的,他没这么多时间和精力,所以他的朋友只是一些"点头"朋友。而且,万一不幸交了个无赖朋友,那就更麻烦了。

所以,交朋友宜精不宜多,要悉心结交一些志同道合的工作朋友和生活朋友,而且双方要有一定的感情基础,而不是建立在纯利益基础之上的关系。一些生活中的知心朋友要多加联系,因为我们与这些朋友有着共同经历,经过了时间考验,要留一定的时间和精力不断加深友谊。这部分朋友是最可靠的,因为你们之间没有利益冲突,是最纯的友谊,任何时候他们都能给予你帮助。

当然,交友时要有一点戒心,也要有一定的识别能力。和一个人交往时要判断对方和你交往的动机是什么,是看重你的人品还是其他。如果对方纯粹是看重你的钱和势或其他利益,那么就不必与之深交。

✦ 当心突然升温的友情

如果你和某人只是普通朋友，虽然也一起吃过饭，但还谈不上交情；如果你和某人曾经是好友，但有一段时间未联络，感情似乎已经淡了……如果这样的人突然对你热情起来，那么你应该有所警觉，因为这种行为表示他可能对你有所图。

之所以用"可能"这两个字，是为了对这样的行为保持客观的态度。因为人是有感情的动物，他有可能在一夜之间因为你的言行而对你产生了无法抑制的好感。不过这种情形不会太多，而你也要尽量避免这种想法。碰到突然升温的友情，只有冷静待之，与之保持距离，才不会被伤到。

要分析这种友情是否有企图并不难。首先看看自己目前的状况，是否握有资源，例如有权有势。如果是，那么这个人有可能对你有企图，想通过你得到一些好处。如果你无权也无势，但是有钱，那么这个人也有可能会向你借钱，甚至骗钱。如果你无权无势又无钱，没什么好让别人图的，要想想他是否希望利用你做一些事。例如，有些人被骗去当劳力，或者他的重点在你的亲戚、朋友、家人，而你只是他过河的踏脚石。

面对这种突然升温的友情，你要做到以下几点。

不推不迎

不推是不回绝对方的好意，就算你已经看出了对方的企图，也不要立即回绝，否则很可能会得罪对方；但也不可迫不及待地迎上去，因为这会让你抽不出身，抽了身又得罪对方，让自己变得很被动。不推不迎就好比男女谈恋爱，回应得太热烈，有时会让自己迷失，若突然斩断情丝，则会惹恼对方。

冷眼以观

冷眼是指不动情，因为一动情就会失去判断的准确性，此时不如冷静地看看他到底在玩什么把戏，并且做好防御，避免措手不及。一般来说，对方若对你有所图，都会在一段时间之后"图穷匕首见"，显露他的真实目的，他不会跟你长时间耗下去的。

礼尚往来

对这种友情，你要投桃报李，他请你吃饭，你送他礼物；他帮你忙，你也要有所回报。否则他若真的对你有所图，你会"吃人嘴软，拿人手短"。

✦ 保持警惕，社交中常见的 6 个陷阱

朋友多并非坏事，但要注意的是，并不见得每一个朋友都对你有正面的影响。有的人一开始没有恶意，最后还是会给你带来很多麻烦。

当然其中有些人可能一开始就是抱着利用你的心态接近你的。而我们也很难有什么特别的方法可以辨识，如果把所有的人都当成坏人，工作和生活就无法正常开展了。

最重要的还是自己要多小心，才能避免一些不必要的麻烦。下面这些就是你应该多注意的。

要有勇气说"不"

如果你的朋友很多，你就可能要参加各式各样的活动。有时候为了工作，有时为了玩乐，另外也有请托的事情，有的时候只是为了打发时间。

如果你对任何一个朋友的要求都一一答应的话，那么再多的时间也不够用，甚至会让你无法脱身。

所以有时候为别人的事情花费精力要适可而止，多花一些时间精力在自己应该做的事情上。应该说"不"的时候，就要明确地回答"不"。

不要结党营私

有的人很想做坏事，但是自己一个人没有办法，也没有胆量，就

想把别人拖下水。

你万一不小心被拉进去了，不但自己麻烦，甚至还会波及其他的人。其实，有时候你自己并没有这个意思，可能在不知不觉中背叛了信任自己的人。一旦发生这种情形，你的声誉、形象都会受损。

所以在公司里，如果有同事想和你结党营私，这时你就应该抱着坚定的态度拒绝他们。

要成功，就必须靠自己努力

很多人虽然明白天底下没有不劳而获的道理，但是一旦有人告诉他做某些事可以赚多少钱、有多大利益的时候，就会心动。这是人性的弱点。

"所有的成功都要靠自己的努力去争取。"这句话有它的道理。没有人能不靠自己的努力就会成功，获得幸福的人生。太轻松又获利多的事情，大多是要靠特殊渠道的，稍有闪失，反而会逼得自己走投无路，这一点一定要记住，不可不慎。

不要随便帮人家签字、盖章

就算亲近的家人和朋友，也不要随便帮他们签字、盖章。

受人请托盖章时，必须有相当的判断力和洞察力。工作中，因受亲朋好友委托盖章而成了替罪羊的人很多。

有人缘的人通常都免不了这一类的请托，所以随时都要小心谨慎，不要被别人拖累。

不要乱牵线

有名望的人接受别人请托的时候，总是会全力以赴地帮助人家，想办法帮对方制造与某人认识的机会。如果这事对大家都有好处，倒是无可厚非。问题是，这样做常常会产生一些负面的效果。

因为有时候事情并不这么单纯，有些人很自私，只想利用某人做某事。这样如果你还帮这个人的话，就等于给自己的朋友制造了困扰，产生了负面效果。

来者不拒的精神虽然值得嘉许，但是一旦碰到帮人引荐这种情形，最好还是要仔细评估、慎重考虑才好。

就算再亲密，也要保持距离

和人交往，一定要注意因为太熟悉而产生误会。通常两个人一旦熟了起来，就会不拘小节，忘了应有的分寸。

没有分寸，很容易造成角色的模糊，自以为是，会认为对方的想法也跟自己一样。其实，就算你认为很合理的事情，他的想法并不见得就和你的一样，于是两人之间就很容易产生一些误会，甚至引起争执。

有名望的人之所以经常会卷入这些麻烦中，就是因为他并没有这么想，别人却认为他的想法一定和自己的一样，对他有所期待，于是误会就产生了。其实，别人要这么想，你也没办法，如果一直对别人的想法置之不理的话，对方很可能就会怀恨在心，甚至中伤你。

这种事情经常会发生在亲密的朋友身上。所以不论多么亲密的朋友，最好也要保持一定的距离。

✦ 要善良，但不要懦弱

做人要善良，但不能懦弱。俗话说：柿子捡软的捏。人们发火撒气、推卸责任找替罪羊也往往找那些软弱善良的人，因为大家都清楚，这样做不会导致严重的后果。

生活中有一种"好好先生"，因为自身软弱，总想着以"和"为贵，不想得罪人，所以只好忍气吞声。而无数的事实证明，忍气吞声换不来尊重，也换不来真正的人际关系。挺身而出，捍卫自己的正当权益，其实是一件再自然不过的事情。跨过这道门槛，你就会发现，一切没有什么大不了的，卸掉精神包袱，活出真正的自己，别人反而不敢轻视你。

小辉是从外地应聘来的，在工作中他处处小心、事事谨慎，对每个同事都毕恭毕敬，偶尔与同事发生点小摩擦，他也从不据理力争，只是默默走开。

大家都认为他太老实、太窝囊，从不把他当回事，以至于他在许多事情上吃了不少亏。小辉心里觉得很委屈，不得不反思自己为人处世的方法。

有一天，一个同事擅离职守丢了文件，把责任怪罪给小辉，说是他代自己值的班，才导致出的错。

主任在会上通报这件事时，小辉站了起来，他说："主任，今天的事你可以调查，查一查值班表。今天根本不是我的班，怎么能怪罪到我头上？有人别有用心想让我替他顶罪，这黑锅我不背。并且，我要告诉大家，大家在一起共事是一种缘分，我实在不想和同事们争来争去。以后，谁要是再像以前那样待我，对不起，我这里就不客气了。"

经过这件事，小辉发现同事们对他的态度有了明显的转变。他也抬头挺胸，不再扮演一再被人欺负的老实人角色。

做人要厚道，但是不能太软弱。在必要的时候要硬一点，才不至于处处被人欺负。下面这些策略可以帮助你变得有底气、有原则，进而赢得别人的尊重。

策略一：斩钉截铁地说话

有时候你的软弱甚至会引得服务员、售货员、陌生人、出租汽车司机等人对你蛮横无理。对于那些有意贬低你，甚至欺负你的人，要克服内心的胆怯，用斩钉截铁的语气回复对方，让对方知道你的态度。记住：千里之行，始于足下。你必须勇敢迈出翻脸这一步。

当你有了态度，如果再遇到让你讨厌的、欺负你的人，你就可以冷静地指明他的行为。你可以斩钉截铁地说"你刚刚打断了我的话"或者"你那样做严重伤害了我"。诸如此类的声明是非常有效的方式。而且你表现得越平静，对那些试探你的人越是直言不讳，你处于软弱可欺的地位的时间就越短。

策略二：不再说暴露弱点的话

"我是无所谓的""我可没那个能耐"或者"我从来不懂那些财务方面的事"之类的言辞等于为其他人利用你的弱点开了许可证。当你从小贩手里购买烟酒，如果你告诉他你对烟酒一窍不通，那你就是暗示他，他可以放心地给你假货。

策略三：不因为拒绝对方而感到内疚

比如，有人请你去给他的孩子当家教，但你的确有事走不开，毕竟做家教不是你的职业，选择拒绝是你正当的权利。但对方开始苦苦哀求，并许诺给你开工资，甚至表示如果你不答应他就会生气，这时候你会不会有点内疚？你不能把别人的什么请求都应承下来，要保持立场、站稳脚跟。

策略四：尽可能多地用行动而不是用言辞作出回应

如果是本该属于别人要做的事，你通常的反应就是抱怨几句，然后自己去做，结果你就会沦为一个吃力不讨好的人。如果对方忘记一次，你就提醒他一次。如果他置之不理，就给他一个期限。如果他无视这一期限，那你就直接行动，做出相应的惩罚。一次这样的教训，会比千言万语更能让他明白你所说的"职责"的意思。

策略五：拒绝去做你最厌恶的，也未必是你职责范围的事

太多人总是一边抱怨一边努力做事，为什么不拒绝你厌恶的事呢？比如，两个星期不拖地或者洗衣服，看看会发生什么情况？如果你能付得起钱，就请个小时工来做，要么明确每个家庭成员必须自己动手照料自己。如果家务活都由你一个人干，那只能说明，你已经向家人表明你会毫无怨言地干这些活。

如果你一味地听命于人、迁就他人、委屈自己，就会失去自我。这样的人虽然甘居人下，却得不到别人的欢迎；有些人即使事业有成，也终会被小人暗算。

✦ 交浅不可言深

如果你看过电影《一个时代的婚恋观》，一定会记得下面这段情节：

男主角查尔斯去参加朋友的婚宴，席间一位普通朋友拿着酒杯前来搭讪。查尔斯不停地找话题与对方闲聊，自觉气氛融洽，突然问道："你的女朋友好吗？"

对方微笑："她已经不再是我的女朋友了。"查尔斯自觉失言，便不好意思地安慰起对方："别难过了，其实大家都知道她一直与陶比有着不正当的关系。"

谁知朋友听罢，脸上由红转青，他捏着拳头道："她现在已经是我的妻子了！"查尔斯不敢看对方，他尴尬地愣在那里，不知道说什么好。其实，在社交场合，如果跟对方的交情不到位一定记得谨言慎行。查尔斯若懂得"交浅不可言深"的道理，想必也不会闹出如此尴尬的场面。

子曰："可与言而不与之言，失人；不可与言而与之言，失言。知者不失人，亦不失言。"人际交往中，一再"言而无度""交浅言深"，是情商低的表现。

也许你有过这样的经历：遇到了谈得来的新朋友，便滔滔不绝地说起了人生路上大大小小的趣事、糗事，有时候一不留神就说出了某项"家丑"或隐私。难过伤心的时候，逢人便痛诉自己的苦恼，希望身边所有的人都能对自己的遭遇表示同情。

我们自以为这是坦诚、直率、真性情的表现，实际上却是在给自己的社交之路"埋地雷"。社会渗透学理论告诉我们，任何一段关系都有一个发展的过程，由点及面，由浅入深，由表层交往发展为深度的密切交往。关系递进需要时间，太热情反而难以维持交情。

刚结识不久就大肆向你暴露心底秘密，或在你面前直言他人是非的人，想必会给你留下"大嘴巴"的印象，你心里不免嘀咕：他今天能将别人的秘密宣之于口，明天就能将我的秘密昭告天下。除此之外，你也许有这样的猜疑：他说这些"掏心窝"的话是不是有什么目的啊？是想赢取我的信任，好让我吐露更多有利于他的秘密？

蔡康永曾分享过这样一件事：有一次，他遇到一位女性朋友，聊天时他问道："你先生很好吧？"其实他与这位女性朋友不太熟，所以并不知道对方当时正与丈夫闹离婚。也许觉得蔡康永是在打探消息或者故意嘲讽她，那位女性朋友后来主动疏远了他。

经此一事后，蔡康永才明白："好友谈话，必须谈得深才有意思。但这事急不得，等到交情够了，再深入地谈吧。电视上的访谈节目，应该打上警示语：危险动作，请勿模仿！"

对此，蔡康永给出了两条建议。

隐私和容易引发争执的话题不谈

与不熟的人聊天时，对方在财务状况、感情状况乃至身体状况方面很可能有苦衷，或者不方便与交情浅的人直言，诸如此类的话题最好不要主动提及。

一些谈起来容易产生争执的，对方明显拥有强硬立场的话题也要巧妙避过。比如，不要随意攻击对方的偶像；评判对方的宗教信仰等。

人生观、价值观话题不谈

我们最好不要和第一次见面的人大谈人生观、价值观。如果双方拥有类似的价值取向，聊起这一类的话题自然默契十足；若三观相差甚远，只会话不投机半句多。

不是每个人的想法都在你的掌控中，你的滔滔不绝换来的可能是对方的兴趣索然，而你的人生信仰在别人看来可能不值一提。

另外，交浅言深还会将你的"神秘感"破坏殆尽。一段关系的深入发展很多时候靠的是彼此的兴趣与想象，保持住那份初见的神秘感，对方才会对你产生更多的兴趣。你若一开始就将自己毫无保留地袒露在他人面前，并不利于发展双方的交情。

情商高的人会耐心浇灌人际关系，靠着悉心的呵护，他们的社交圈才能"枝繁叶茂""开花结果"。所以说，想要获得新朋友的信任，千万不要心急，话要酌情去说，说得太多太满易出错，还容易削减你的魅力与吸引力。

言语永远在交情之后。慢慢培养感情，只要感情到位，自然就有了"言深"的余地。哪怕一定要深入与对方交谈，最好也要围绕双方的共同爱好来展开话题。

✦ 合伙人的坑，你踩了吗

创业不仅需要智慧、胆识，更需要资金。若家里没有充足的财力支持，合伙是最常见的方式。不过合伙之后拆伙的情形也时有发生，因此合伙虽然是较为简单的创业方式，风险也很高。

合伙有两种情形：一种是你当老板，邀别人入股并参与经营；另一种是别人当老板，你受邀入股并参与经营。

不管是哪一种情形，都有可能出现下列情况，导致合伙失败。

经营观念不同

如果公司赚钱则罢，若赔钱便会指责主事者的不是。但就算赚了钱，还是有可能因经营观念不同而引起股东们的摩擦，最后撕破脸、分道扬镳。

经营遭遇困境

碰到这种情形，胆小的、自私的人会先行退股，资金一抽走，岂不是雪上加霜，倒得更快？

利益分配不均

多心者会认为主事者做假账，所以自己分红少，这种不信任迟早会导致合伙解体。

彼此倾轧斗争

公司一赚钱，便会发生利益争夺，你斗我，我斗你；强势者采取增资或其他手段，逼弱势者出售股权，把弱势者赶出去。

股东自立门户

有些股东一旦翅膀硬了，便不愿再和别人分享利益，便会退股自立门户，还把商机、客户一并带走。

潜逃

有些人邀人入伙根本就是要坑人，待吃饱捞足便一走了之。上这种当的人很多。

当然，还有其他原因。不过只要有以上一种情况，这合伙事业便亮起了红灯。不管你是股东还是负责人，合伙失败总是一件惨事，有时还要蒙受相当大的经济损失。

因此，要合伙，你得非常慎重地考虑很多事情。

要签订合伙契约，明确各股东的权利与义务，包括职位的分配、决策的模式、增资的时机、退股的条件、红利的分配等事项。

如果可能，你找的合伙人最好不要参与经营，以免人多嘴杂，最后不欢而散。也就是说，出力的出力，出钱的出钱，当然股东有在固定时间内了解营运状况的权利。

你对合伙人必须相当了解，包括他们的做事能力及个性。若不了解，就很容易疑心生暗鬼，出现分歧，这不利于合伙事业的发展。

有人说，合伙事业要彼此坦诚、信任。话是不错，但问题是，你既坦诚也信任别人，但你的股东不一定如此。好朋友合伙最后闹得不欢而散的情况时有发生。所以，合伙做事业还是慎重为好。

第八章

培养有价值的职场人际关系

　　有价值的职场关系，包括同事关系、团队成员关系、上下级关系。什么样的同事是志同道合的伙伴？什么样的上司是你事业的推手？如何和他们保持良好的关系？这不仅需要你对自己有一个清晰的定位，能为对方提供价值，还取决于你懂退让、知进退等。

✦ 保持距离，不与同事走得太近

人在职场之中，有时要像刺猬一样，用身上的刺来保护自己。因此，人与人之间是不能太过亲近的。但是，职场之中，人与人之间要相互协助，于是人们又不得不联合在一起。既不能太亲近，又不能太疏远，保持适当的距离，是职场人际关系处理上的要点。

若是与同事太过亲近，相互坦言自己的性格、爱好、隐私、优势、弱点，那就等同于把自己暴露于对方的眼皮底下。一旦对方与自己存在竞争，这对自己无疑是很不利的。面对客户市场要竞争，面对升职、福利等要竞争，在形形色色的竞争或潜在的竞争之下，双方还是拉开一点距离为好。

若为朋友而甘愿放弃竞争，那样会使自己的收入、发展前途受到损失。

王芳刚到公司的时候，对自己所从事的行业不了解，部门主管郭兰自然成了她的入行老师。那个时候的王芳对郭兰嘴可甜了，左一个兰姐、右一个兰姐地叫，王芳下班后还会到郭兰家串门。

郭兰是个挺热心的上司，她对别人的好意从来都不懂得拒绝，比如王芳常会给她两岁的儿子买一些小礼物，郭兰则经常手把手地教王芳业务技巧。

可没想到的是，两年后王芳辞职，去了另一家公司，她竟然成了郭兰公司最大的竞争对手。她抛出了郭兰曾经给她透露过的一些公司计划，来了一个"先下手为强"，搞得郭兰措手不及。事情虽说已经过了很久，可是每每想起这件事，郭兰就会郁郁寡欢一段时间。她想不明白自己诚心对待的人怎么会那么无情无义，她对王芳那么好，王芳却在背后给自己如此大的一击。

有人说距离是一种物理现象，更是一种人际学问。和同事刻意保持距离，隔得远远的，会被认为太冷漠；而太接近，则又会让人失了敬畏之心。

当我们在工作岗位上辛苦工作时，一定要与同事保持一个适当的距离。为了消除距离而盲目地讨好同事，要么让同事感到不自在，从而疏远你；要么使自己变成一个"好使唤"的人，被同事忽视。距离产生美，这句话不是没有道理的。

距离是一种无声的语言。恰如其分地把握距离，才能让我们与同事建立良好的人际关系。那么，怎样才能让我们与同事保持适当的距离呢？

保持谦恭

保持距离感不是让你冷漠对人，而是保持谦恭。在需要安静的时候，我们可以沉浸在自己的世界中，不会给人带来窘迫和尴尬。在需要交谈的时候，我们和睦地交流，不带有一丁点侵略性，不令他人不快。

君子之交

平时，我们要注意自己的言行，不要和别人乱开玩笑，更不要散播谣言，大喇叭嚷嚷更是招人厌恶的行为。我们与同事之间的交流，无须过于热火朝天，只要淡淡的就好。君子之交淡如水。保持一份君子的气度，对方就会对你心存敬畏与好感，这样就有利于双方保持良好的关系。

不打听对方的秘密

每个人都有自己的私密，每个人都需要自己的空间。过分靠近别人的秘密空间是一种失礼的行为，会引起别人的不快。

而且，每个人都有自己的脾气、秉性、棱角，两个人距离太近，就像两个刺猬相互靠近一样，不但不会变得更加亲密，反而会刺伤对方。相互为对方的心灵留下一点空间，才能平衡人际间的交往。

✦ 领导的智慧，看懂下属的心理

在上司身边转的人很多，可以说良莠不齐，用心也各不相同。如果我们不注意选择和鉴别，很有可能会被一些别有用心的人所蒙蔽。有些人成事不足，败事有余，对他们不可掉以轻心，否则到头来自己反而容易遭其暗算。所以，上司在工作中要练就观人察质的本领。

势利眼

他们或者善于察言观色，脸皮很厚，在工作上爱讨价还价，要求上司给他们晋升或加薪；或者在工作上不安分，却热衷于和上司套近乎，不愿凭业绩得到重用和提拔，只想通过和上司的私人关系捞到好处。

势利眼一般嘴甜、心细、脸皮厚，上司光凭自己的眼睛很难识破他们，因为这些人很会伪装。只有多听取其他员工的反映，才能看穿这种人的真面目。

两面派

他们在人前往往有一张灿烂的脸和甜蜜的嘴，而在人后则是另一副模样。上司在场不在场，他们的表现完全不一样。上司在的时候，他肯定是最勤劳的一个，连脸上的汗水也顾不得擦，就是想给上司留下一个好印象；上司一旦离开，他就待在一旁休息了。

应该怎么对待势利眼和两面派？无疑是不能与之走得太近的。他在哪个部门任职，哪个部门就会被他搞得乱糟糟。作为上司，一旦发现你的下属是这样的人，你就应做到心里有数。

随风倒

这类人完全没有自己的主见，总是采取迎合别人的姿态，往往谁也不得罪。上司提出一个新的主张，他们总是随声附和，其实心里想的可能完全不是那么一回事。

隋炀帝在位时，臭名昭著的大臣裴蕴观察出炀帝不爱听相反的意见，于是他便时时处处表现出顺从的样子。他任御史大夫时，炀帝想给谁加罪，他就通过各种不正当的手段，把谁的罪名坐实；炀帝欲宽宥谁，他便重罪轻判，将之释放。就这样，裴蕴越来越受到炀帝的宠爱，官也越做越大。炀帝对他也是言听计从。司隶大夫薛道衡因违炀帝之意遭到谴责，裴蕴便落井下石，在炀帝面前大献殷勤，数落薛道衡的种种不是。结果炀帝盛怒之下便杀了这位忠诚的司隶大夫。裴蕴的恶劣行为使老百姓日益厌隋，加速了隋王朝的灭亡。

这类下属八面玲珑，行事都以一己私利为出发点，不是一个很好的执行者。当上司委派任务给他们的时候，他们会毫不迟疑地一口答应下来，却往往不会认真去做，甚至没了下文。

乱嚼舌头

有些下属爱打听别人的隐私，喜欢传播小道消息，对他人品头论足。对于这类人，上司不妨告诉他几个所谓的"小秘密"，看他是否会泄露出去。若发觉他传播给别人的内容远多于你透露给他的，你就要小心了。这样的人多半是靠不住的，永远不要把单位的一些重要消息告诉这类人，否则就好比在身边安了一颗定时炸弹，没爆炸的时候风平浪静，可迟早有一天会爆炸。

溜须拍马

这类人不难识别，从他们的言语、动作和神情上就可以判断出来。大凡溜须拍马者，都是打着关心他人的旗号，好话捧着、好礼送着，将上司侍候得如皇帝般舒舒服服，而得志后就为所欲为、作威作福。接着他就一步步腐蚀你。正所谓"上有所好，下必甚焉"。要识别这类人，关键在于上司要时刻保持清醒的头脑，处处自重、自省、自警、自励，对于那些无事献殷勤者，既有古人"恶其媚"的刚直不阿，又有"暴语于朝"的惩戒手段，溜须拍马者自然就没有了市场。

✦ 职场上的竞争关系，未必是你死我活

同事之间存在着很多利害关系。在一个人的欲望膨胀，或利益受到危害的时候，好人也可能在利害关头显示出利己的一面。例如，有人为了升迁，不惜设下圈套打击其他竞争者；有人为了生存，不惜在利害关头出卖朋友……因此，与同事相处，你要时刻提醒自己：防人之心不可无。

明争暗斗的竞争者

俗话说得好："一山不容二虎。"在一个团体中如果遇上一位资历、能力与你不相上下的人，无论他多么善于伪装，也多半会成为与你明争暗斗的对手。假如你不幸遇到的是一个阴险狡诈的人，尽管你屡建奇功，要想尽快升职也非易事。

小李与小马是公司最得力的两名干将，又同在市场部工作。最近公司准备提升一名业务主管，小马积极主动地向公司写了自荐信，说她才是升职的最佳人选。为了论述她升职后的宏伟蓝图，她还大肆抨击前任上司的错误。而小李在朋友的参谋下，也向高层写了封自荐信，粗线条地谈了谈升职后的工作设想，但只字未提前任上司的事。工作之余，她又分别邀请了几位副总裁共进午餐，较详细地谈了一下她任

职后的工作方案。当上司准备考虑给小李升职时，她突然发现自己签发的文件漏洞百出。她怀疑有人窃取了她的电脑密码，暗地里把文件涂改了，但苦于没有证据，她便决定采取以静制动的策略，忍气吞声默默承受着"工作失误"的后果。果然事隔不久，在一次中层人士会议上，制造"文件事件"的始作俑者小马终于沉不住气了，借"文件事件"大肆发挥，终于暴露了她害人的不道德行径。真相大白之后，上司很欣赏小李处理问题的方法，如期给她升了职。

排斥异己的竞争者

不管你是不是一个一心向善、想成就一番事业、无意拉帮结派的人，当你的工作准则、目标和业绩已经危及潜在的竞争者时，你的工作就不会一帆风顺。通常，那些惯于排斥异己的人网罗了一帮人。假如你无意中冒犯了其中一个人，就可能惹来一伙人的攻击。

武凡为人正直、聪明干练，在公司人气很旺。同事阿杰善于迎合上司，因此在公司拥有不小的势力。虽然他们在不同的部门，但阿杰一向认为与他不和的武凡将来会危及自己的利益。

公司有一个职员与武凡很投缘，而这个人恰巧是阿杰的好友。在一次谈话时，武凡把自己因过分相信客户而导致一笔贷款形成坏账的事向他讲了。没想到第二天上司便派人查问武凡，而阿杰落井下石，对此事刻意渲染，使武凡成了公司上下非议的对象。所幸的是武凡及时坦诚地向上司陈述了事件的原委，加之他在公司的人缘好，在几个朋友的帮助下顺利平息了此事。

在职场中生存，最关键的就是要稳扎稳打。如果不幸出现过失，必须及时向上司说明事件的原委，并努力寻求补救的办法。如果你想隐瞒事实真相，那就只能为竞争者留下把柄。

视你为潜在威胁的竞争者

如果你遇到的是一个嫉贤妒能的上司，那你的日子就不太好过了。也许有人会认为，只要凭自己的实力，为公司多创佳绩，就一定能得到重用，你就大错特错了。那个小肚鸡肠的上司会视你为潜在的竞争者，处处为难你、打击你、排挤你、压制你，你与上司争输赢，这注定是一场打不赢的仗。

陈冲奉老板之命与上司共同策划公司的企划书，她认为这是一次向老板和上司表现自己才能、将来获得提升的好机会，因此她十分卖力。她以公司的光辉业绩为主题，设计了一个广告活动企划书。当她满怀信心地将活动企划书送呈上司审定时，上司却以规模太大、难以组织为借口否定了她的方案。陈冲愤懑不平地找到老板。虽然陈冲的活动方案最终被采纳，她却在活动筹备阶段因一个小小的事故被辞退了。

陈冲在事业上的失败源于她不明白上层管理者（比如老板）与中层管理人员（比如她的上司）之间的游戏规则：老板选择一个称职的中层主管不容易，选择一个称职的普通员工却很容易。而陈冲却天真地认为，只要自己的所作所为是为公司的利益着想，就一定能得到老板的赏识和肯定。但是她不知晓，一个普通员工，一旦使上司在老板面前颜面尽失，自己赖以生存的饭碗就已危如累卵。因此，无论你在何时何地遇到嫉贤妒能的上司，要想获得施展才能和抱负的机会，只有两条路可以选择：一条是努力改善同他的关系，时刻以大智若愚的气度与其周旋；另一条就是另谋高就。否则你将永无出头之日。

惹是生非的竞争者

你在任何一家公司都避免不了遇到一些惹是生非的人，这些人往往为公司立下过战功或者曾经是业务上的尖子。他们因为某种原因而遭冷遇，因此他们常常借助与别人发生争执、摩擦，控诉过去曾开罪他的人，或者专门对公司上下品头论足、指手画脚，以发泄心中的怨愤和仇恨。如果你不想在公司里惹是非，千万不要招惹这种人，否则吃亏的多半是你自己。

尔冬上班不久就感到办公室内的气氛比较沉闷，经过细心观察才发现公司的"元老级同事"——建筑设计工程师张华特别爱制造事端。但尔冬只顾埋头工作，对张华的所作所为置之不理，为此在一次会议上老板公开表扬了尔冬的出色表现。谁知这下惹着了张华，他公开向尔冬宣战。尔冬当然也不甘示弱，凭借自己是名校高才生的优势，准备好好回击他。恰在此时，尔冬准备竞争另一个较高的设计师职位，面试和笔试都令老板满意，事情却突然没了下文。后来尔冬通过调查了解到，正是张华从中做了手脚。

千万不要跟猪打架，否则你只会弄得一身脏，而让猪很快乐。如果前进的路上有了苍蝇，不要花费精力去驱赶它，你只管走自己的路。

当遇到惹是生非的人时，不可以凭一时之勇，尝试去征服他，因为他们不做正事，有的是时间、精力和心思与你打"持久战"，而且惯于使用手段，千方百计引诱你参与这种毫无意义的"游戏"。假如你不加理会，他们也许会声名狼藉，终有一天碰到真正的对手，被人狠狠地教训一顿。也许你有能力去"征服"他们，但你的事业、你的前途绝不允许你这么做。

曾经帮过你的竞争者

那些曾经带你出道、引荐你升职、辅佐你事业的师姐、师兄、上级、长辈等，按理说他们没有理由与你过不去，但事有多变。

王梅最初在一家星级宾馆当客房服务员，她的热情及敬业精神得到上司的赏识，渐渐由领班干到部门经理。一次王梅的上司患病住院，偏巧宾馆要承接一个会议，她不得不挑起重担。总部经理检查工作时对她的出色表现非常欣赏，会议结束后直接把她调往总部任职。她原本准备去看望一下上司的，但因时间不允许就耽搁了。直到一年后她准备竞争总部经理，上司却在副总裁面前批评她，她这时才意识到自己得罪了人。

如果你有朝一日超过了那些曾经栽培过你的人，他就会失落，就会接二连三地与你过不去。

通过对以上各色竞争者的分析，相信你对"防人之心不可无"有了更深刻的理解，懂得了与职场中人交往要进退得宜、有理有节。那么，究竟该如何做呢？

巩固城池。不随便暴露出你个性上的弱点，不轻易显露你的欲望和企图，不露锋芒，不得罪人，勿太坦诚……别人摸不清你的底细，自然不会随便利用你、陷害你。

阻却来"敌"。对他人的作为要有冷静客观的判断。凡异常的行为都有异常的用意，把这一行为和自己所处的环境结合起来思考，便可以发现其中的玄机。

以上两条会对你的工作大有助益。

✦ 道不同，不相为谋

没有谁愿意和与自己合不来的人合作。各方面都合不来的人一起共事，你会发现两个人经常会因为意见分歧而争吵，最后多半会不欢而散。

面对这种情况，该怎么办呢？既然观念不同，就不妨各自为战，没必要非纠缠在一起。

如果双方无法达成协议，不能同甘共苦，自然就失去了合作的基础。

有三个能力很强的年轻人入股了一家高科技公司，并且分别担任董事长、总经理和副总经理的职务。开始时，人们以为这家公司一定能创造辉煌的业绩，但几年后，这家公司不但未能创造辉煌的业绩，反而连年亏损，员工一天比一天少。究其原因，还是三位创始人身上出现了问题，他们谁都想说了算，可谁说了都不算。最后，他们一件事也没做成，管理层内耗导致公司严重亏损。

这家公司隶属一个企业集团，总部发现这一现象后，连夜召开董事会研究对策，最后决定，让这家公司的总经理退股，撤掉他的总经理职位。旁观者都认为，这家公司算是"歇菜"了，谁还扛得住亏损之后又来个撤资的打击呢？结果令人大吃一惊，在留下来的董事长和副总经理的勠力合作下，居然发挥出公司最大的生产力，在很短的时间内使公司生产和销售总额较从前翻了两番，几年来的亏损不但得到了弥补，还创造了巨额利润。而另一位改投别家企业的总经理，也充分发挥出自身的实力，表现出卓越的经营才能，创造出了骄人的业绩。

这个故事说明了什么问题？自然是"道不同，不相为谋"。我们通常认为一个人的智慧抵不上多数人的智慧，因而有"三个臭皮匠，赛过诸葛亮"的说法。但我们要承认，每个人都有自己的个性、自己的想法，合作者如果无法在意见、决策上达成一致，合起来的力量就会分散，甚至抵消。

一加一得二，是再简单不过的算术题，可放在合作上就未必是这么回事了。

几个人在事业上协作，一加一能得三、得四；如果互相牵制，一加一可能得零，甚至得负数。

"道不同，不相为谋"，否则会使双方产生怨恨。有鉴于此，在选择与人相处时千万要想到这一点，不要硬往一块凑。如果谁都看对方别扭，怎么都不顺眼，结果只会多结"仇怨"，哪还能合作呢？

✦ 这六类同事，尽量远离

有些同事就像关系里的杂草，能远离就远离。即便不能远离，也要保持距离。

爱哄人的同事

这类同事经常对你说些动听的话，他们之所以这样说，是因为他们知道你喜欢听这些话。俗话说："哄死人不偿命。"但是，你对这类同事不要抱有任何幻想，因为他们绝不会自找麻烦来实现对你的承诺，仅是说说而已。他说给你介绍个客户，当你做好了与客户见面的准备时，他又找个借口溜掉了。所以，你若对这类同事抱有希望，只能怪自己犯了"幼稚病"。把他们所说的话应当作过眼云烟，听过就算了。不要因为他们的不守信用而大动干戈，给自己树无谓的强敌。

事事同意的同事

这类同事对任何人的建议都给予鼓励支持，好像他们不会压制任何人的创造力，他们最喜欢说的话就是"我同意""可以这样干"等。遗憾的是，他们说完就没了下文。他们会对任何建议给予一视同仁的赞赏，所以他们的赞赏从根本上来讲毫无意义。因此，当你有项目或为更好地完成老板所布置的任务需要找个人商议时，不要去找这种人，因为这只会浪费时间，而对事情本身毫无裨益。

无事不通的同事

这类同事有个雅号叫"活字典",似乎世间万事万物他们都知晓。对于他们来说,没有他们不知道的事,只有他们不想知道的事。这类同事自认为有着计算机一般的脑子、冠军般的信心、蜗牛般的直觉,在他们的字典里唯独缺少"我需要帮助""我错了""这件事我不知道"一类的话。

这类同事的外表很能迷惑人,所以你一定要把眼睛擦亮,认清其真实面目。要知道,他们若真如此"博才多学",那早成就一番事业了,至少也该是个部门的负责人了吧,不会仅是个小职员。对待这类同事"热心的指点",你要学会一个耳朵进、一个耳朵出。面子上要敷衍,不必让他们下不了台,但心里一定要清楚地认识到,他们的意见往往是断章取义或道听途说,只会将人引入歧途。

人格僵化的同事

人格僵化的同事最易得到老板的赏识。他们长时间加班加点工作,并在每个细节上苦下功夫,对自己的要求也比较高。所以在老板眼中,他们勤奋、敬业。其实你只要仔细观察就会发现:他们是不会为难自己的,因为他们所关心的无非是些无关紧要的细节问题。不管做什么事,他们都表现出一副"鞠躬尽瘁,死而后已"的样子。

你一定要努力避免和这种同事一道工作,因为他们的外表假象早已迷惑了老板,倘若你不能做成他们那个样子,会被老板认为工作不卖力。同时,你要对这类同事所持有的"敬业精神"经常加以赞扬,满足他们所渴求的虚荣心,这样他们也许会在老板面前替你美言几句。

啰唆的同事

这类同事似乎天生爱管闲事，整天啰唆个不停，像个"长舌妇"一般，对别人的事情表现出极大的兴趣。

他们会对你说："有什么心里话请对我讲吧，我会为你保守秘密。"其实这是根本不可能的，他们无非是想从你那里获取点谈资罢了。这种人唯一的好处是每当他们从你这里得到一点消息后，就会觉得有义务告诉你一点有关别人的秘密。这样也有助于你对其他同事的性格及其他同事间的交往有所了解。但危险在于，他们既然会对你公开别人的秘密，同样会对别人公开你的秘密。明白了这一点，你也就明白该如何对待这类同事了。

佯装无能的同事

佯装无能的同事像个"大孩子"，其实他们这一切只不过是"作戏"，目的是偷奸耍滑，能不干就不干，以虚心请别人帮忙的态度把自己分内的事推脱给别人做。一旦出了事，他们自然也不会承担后果。

对待这类同事的请求应该持回绝的态度，因为这种请求有了第一次就会有第二次，没完没了，到头来只能影响到自己的工作效率。所以你应该对他们说："对不起，我也很忙。"当然，拒绝时要尽量和颜悦色，他们碰了一次"软钉子"后自然会知趣地走开。

上述六种同事普遍存在于各个公司中，与他们打交道时务必留心。若处理不好同他们的关系，一样会影响你的工作。